图书馆联合数字参考研究

TUSHUGUAN
LIANHE
SHUZI

CANKAO
YANJIU

余凯璇 程卫军 著

江西教育出版社
JIANGXI EDUCATION PUBLISHING HOUSE

· 南昌 ·

图书在版编目（CIP）数据

图书馆联合数字参考研究 / 余凯璇, 程卫军著. ——
南昌 : 江西教育出版社 , 2025.1
ISBN 978-7-5705-4076-1

Ⅰ.①图… Ⅱ.①余… ②程… Ⅲ.①数字技术－应
用－参考咨询－研究 Ⅳ.①G252.6

中国国家版本馆CIP数据核字（2023）第248169号

图书馆联合数字参考研究
TUSHUGUAN LIANHE SHUZI CANKAO YANJIU

余凯璇　程卫军　著

江西教育出版社出版
（南昌市学府大道 299 号　邮编：330038）

出 品 人：熊　炽
责任编辑：洪晓梅
封面设计：卢　乐

各地新华书店经销
江西省和平印务有限公司印刷
965 毫米 ×635 毫米　　16 开本　　17.5 印张　　220 千字
2025 年 1 月第 1 版　　2025 年 1 月第 1 次印刷

ISBN 978-7-5705-4076-1
定价：65.00 元

赣教版图书如有印装质量问题，请向我社调换　电话：0791-86710427
总编室电话：0791-86705643　　编辑部电话：0791-86705903
投稿邮箱：JXJYCBS@163.com　　网址：http://www.jxeph.com

目录

第1章 概论

1.1 参考咨询服务

"咨询"一词由来已久,早在东汉时期,王逸的《楚辞章句》"九思·疾世"篇中就有"纷载驱兮高弛,将咨询兮皇羲"之说,说明"咨询"一词在我国已有近两千年的使用历史。在汉语中,《词源》解释"咨询"是征询、商量的意思。《辞海》解释"参考"是"参合他事他说而考察之"的意思。而《中国大百科全书》(1993)里认为参考咨询是图书馆员对读者在利用文献和寻求知识、情报提供帮助的活动。它以协助检索、解答咨询和专题文献报道等方式向读者提供事实数据和文献线索。《大英百科全书》(2002年版,P961),则认为参考服务是图书馆员为使读者最充分利用馆藏并满足他们的信息需求而为读者提供的个人帮助。卡茨(美)在《参考工作导论》(1970)中回答什么是参考咨询服务时认为它的基本含义是解答各种问题。我国著名图书馆学家戚志芬在《参考工作与参考工具书》(1988)一书中认为参考工作是图书馆为读者服务的一种,它是以客观社会需要为契机,以文献为纽带,通过各种方式为读者搜集、存储、检索、揭示和传递信息的业务过程。在拉丁文中"Consult"相当于"咨询"，英语中的"Consult，Consultion，Consultancy，Reference"与其对应。咨询从本质上是一种知识服务，即利用咨询专业人员或专家的知识、技术、能力和经验，通过调查研究，运用先进的科学方法和技术手段向用户提供所需建议和解决方案的一种智力服务，是一种分布性知识不断积累、整和、创新的知识管理过程。"信息咨询"一词则是随着现代化信息社会的来到和社会信息化程度的不断加深而出现的，指以信息的收集、分析、提炼、整理、传递和应用为主要目的而开展的咨询服务活动，是信息工作者借助于各种信息资源为用户提供特定需求信息的增值型智力劳动。

每一位参考馆员都深知"每名读者有其书，每本书有其读者"是参考馆员的初心和使命，当然这其中"书"的含义已不仅仅是书，而是包含了报纸、期刊、数字资源等各种类型的文献资源。形象一些来说，参考咨询工作就是在读者和文献资源之间搭建起一座沟通的桥梁。

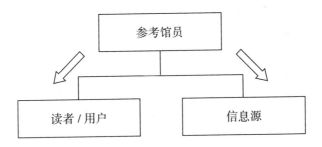

1.2　参考咨询工作意义

从图书馆的角度来看，参考咨询工作既是系统向读者揭示文献信息的有效方法，也是辅导读者利用馆藏文献和信息资源的重要手段，同时还是推介优秀信息资源的重要方式。从社会需求的角度看，参考咨询工作既是解决图书馆藏用矛盾的重要途径，也是提升社会公众信息素养的一种有效手段，同时还可以把它纳入通过图书馆知识管理专长助力各学科研究工作范畴。

1.3 参考咨询服务类型

参考咨询服务类型一般有以下几种类型：咨询台服务、阅览室咨询、电话咨询、邮件咨询、在线FAQ常见问题解答服务、读者自助问询系统、虚拟参考咨询服务、读者辅导、馆际互借与文献传递、图书推荐、事实查询、专题咨询、编制专题书目、专题资料汇编、专题分析报告、撰写研究报告、媒体报道和舆情监测等。

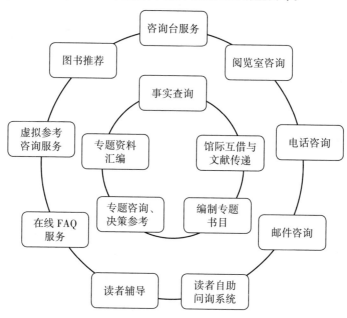

参考咨询服务类型

1.4　参考咨询工作流程

在图书馆，面对读者的咨询，每天都会遇到新的、不一样的问题。虽然参考咨询遇到的问题是千变万化的，但参考咨询工作都遵循着一定的工作流程，通过规范化的咨询服务完成读者的每一件咨询。

一般来说，参考咨询工作流程包括咨询接洽、课题分析、文献检索、答复咨询、建立咨询档案和反馈跟踪六个环节。

咨询接洽
- 目的：确认和提炼用户的信息需求
- 步骤：倾听→提问（目的、用途、线索、已掌握资料等）→简介相关资源→确定范围→服务约定→签订协议

课题分析
- 用户需求分析与研究→制定初步检索策略→选择检索方法

文献检索
- 基本工作流程：查找→筛选→甄别→加工
- 两个核心环节：不断优化检索策略、发现用户的隐形需求

答复咨询
- 答复的形式：提供具体事实资料、原始文献资料、文献检索报告或证明、文献线索，指引或转介
- 基本原则：客观、准确、灵活

建立咨询档案
- 咨询档案包括各种原始记录、咨询过程、咨询结果等，是一种完成咨询的固化形式，也是一种总结经验、探究规律、改进业务的有效方式；建立完善的咨询档案对分析总结咨询有着重要意义。

反馈跟踪
- 目的：服务满意度调研、追踪用户需求的动态变化、积累阶段性总结的原始素材
- 方法：建立用户回访档案、及时处理和响应反馈信息、回访策略因用户而定

（1）咨询接洽

受理读者咨询的过程，咨询形式包括到馆咨询、邮件咨询、电话咨询等。在咨询过程中，参考馆员要判断咨询问题的性质和范畴，

了解读者咨询的目的和意图，准确把握用户需求是咨询的关键。凡是超过咨询范围（如法律实务、医学诊断和治疗、书画鉴别、预测信息、家庭纠纷、家庭作业等）的问题，参考咨询馆员须向读者说明情况并婉言谢绝，属于咨询范围的问题都应受理。

（2）课题分析

受理咨询后不急于进行检索，先进行课题分析，通过分析提炼出准确的检索词，选取出匹配的检索源，制定相应的检索策略，再根据课题的具体情况确定课题参与人员、人员分工、完成时间等。

（3）文献检索

文献检索是对检索策略的实施。运用检索方法，查找并整理与咨询课题相关文献的过程，通常要经历"查找—筛选—甄别—加工"等一系列流程。

（4）答复咨询

参考馆员经过一系列文献调查、检索查找、文献鉴别、整理加工等工作，可以将获得的文献线索或文献以用户需要的方式交付，答复以文献客观记载为依据。

（5）建立咨询档案

咨询档案包括各种原始记录、咨询过程、咨询结果等，是一种完成咨询的固化形式，也是一种总结经验、探究规律、改进业务的有效方式。建立完善的咨询档案对分析总结咨询有着重要意义。

（6）反馈跟踪

对服务过的用户进行用户回访反馈跟踪，可以准确了解到课题咨询结果的应用情况、应用过程中出现的问题，以及用户对于咨询的满意程度等，有助于优化提升咨询服务，加强与用户的深度合作。

1.5　参考咨询服务原则和要求

（1）准确、完整把握用户需求；

（2）只有经过考证的文献才可作为解答依据；

（3）咨询结果应客观、全面；

（4）用最小的阅读量涵盖最大的信息量；

（5）区别对待，统筹兼顾；

（6）注重时效性；

（7）尊重用户隐私；

（8）不提供服务的内容有：私人信息、家庭纠纷、法律实务、医学诊断和治疗、预测信息、家庭作业、智力竞赛等等。

1.6　参考咨询服务发展方向

随着信息技术和新媒体技术的发展利用，参考咨询服务已不再是基于馆藏资源的文献服务，而是一个综合服务体系，是一项系统工程。以到馆读者咨询服务为基础，逐步发展成为包括总咨询台，阅览室咨询台和社科、科技咨询室等服务界面、较为完整的到馆用户咨询服务体系。同时，图书馆面向远程用户提供的参考咨询服务也逐步发展起来，主要包括借助因特网的网上咨询台、借助于电话网络的 IP 呼叫中心、借助于无线通路网络的 WAP 服务平台等，使得到馆咨询服务与远程咨询服务形成了一体化的服务格局，在统一的服务策略和相应的技术手段支持下，为图书馆用户提供全方位的参考咨询服务。现代信息技术的应用，也使参考咨询业务的服务形态从基于个体经验的彰显向基于集体智慧的积淀和挖掘转变。图书馆利用现代信息技术和服务手段，推出了网上咨询台的问题答案匹配、用户自助问询系统等一系列自助服务系统。这种服务不仅能实现交互服务与自助服务的统一，给用户带来全新的服务体验，还可实现自动化地收集用户信息行为数据，从而通过统计和分析，有针对性地进行服务调整，有助于提升资源与服务使用的效率，有助于提升服务规模，真正做到分散服务与集中管理统一、公益服务与增值服务的统一。因此，发展起利用网络技术面向远程用户提供的数字参考咨询服务将成为发展方向。

1.7　数字参考咨询服务的起源、概念和特点

1.7.1　起源

1883 年，波士顿公共图书馆在世界上最先设置了专职参考员和参考阅览室。杜威所在的哥伦比亚图书馆也于 1884 年设置了有 2 名专职参考咨询员的参考咨询部。1891 年图书馆学文献中出现了"参考咨询工作（reference work）"这一术语。此后参考咨询理论逐渐被图书馆界接受，这标志着参考咨询服务作为图书馆核心业务的开始，至今已有100 多年的历史。20 世纪初，多数大型图书馆，特别是公共图书馆，拥有专职的参考馆员、独立的参考藏书和参考咨询部。随着文献的激增和读者需求的增长，参考咨询发展到从多种文献中查找、分析、评价和重新组织情报资料。40 年代，又进一步包括事实性咨询、编制书目、文摘，进行专题文献检索，提供文献代译和综述。50 年代以后，图书馆利用电子计算机和现代通信技术建成各种文献数据库、数值数据库和事实数据库，并逐步实现了联机检索和网络化，使参考咨询服务中的部分工作自动化，称之为"机助参考咨询工作"。此后参考馆员与读者面对面的传统咨询交流就一直是图书馆开展咨询的主导模式。

但自 20 世纪中期以来，国外的一些图书馆正在摆脱传统的参考咨询模式，充分利用网络技术成果，极大地改变了参考服务的形态。参考服务正在从面对面的直接交流转向利用网络开展虚拟的参考咨询活动。随着计算机技术、通信技术及网络技术的快速发展和互相融合，图书馆已从封闭的环境走向了无限广阔的信息空间，但与此同时，信息多元化、综合化、社会化，以及它们的无序性也已经形成。数字化已成为当今图书馆参考咨询工作最显著的特征。在这种形势下，图书馆数字参考咨询服务就应运而生了。自美国马里兰大学健康服务图书馆于 1984 年首次利用网络和信息技术推出"电子参考服务（Electronic Access to Reference Service，EARS）"后，网上参考咨询工作也逐渐为各国的图书馆界所关注。1989 年，美国佛罗里达州 Gainesvile 大学的 George A. Smathers 图书馆首创电子邮件咨询服务。它采用因特网的 E-mail 服务或远程登录的方式，通常在图书馆的主页上设立"参考咨询台"或相应内容的链接，通过链接将咨询问题以电子邮件的方式发送给相关咨询人员，咨询人员以 E-mail 方式将答案发送给读者。特别是近年来随着网络技术及应用的进一步发展，数字参考系统已成为数字图书馆建设中的一个重要组成部分，其灵活的接入方式、逼近现实的咨询模式、基于网络的管理操作，使它在图书馆的参考咨询中的作用日渐显现。1999 年 9 月，美国只有 5 家图书馆提供实时参考咨询服务，到 2001 年 3 月，已经有 200 多家图书馆有了这项服务，到 2002 年 8 月，全世界共有 230 家图书馆联盟或图书馆提供实时咨询服务，共计图书馆 600 余家，美国图书馆占 90% 以上。截至 2002 年，北美地区已经有 8396 家大学图书馆提供网上参考服务，其中 500 多家图书馆在网上提供实时的咨询服务。尽管这些新兴的服务项目刚刚起步，但它们的发展推动着全球化咨询网络的迅速形成。随着网络的普及和越来越多的人选择利用网络查找信息，图书馆通过网络向用户提供参考咨询服务，解答用户在利用网络资源过程中出现的各种问题，越来越受到人们的欢迎。从国际上看，越来越多的图书馆开始关注和重视数字参考咨询，把开展数字参考咨询作为服务工作的新的生长点。数字参考咨询被认为是继数字图书馆之后，国际图书馆界谈论与关注的又一大热点，是网络环境下图书馆参考服务的主流发展方向和未来图书馆的核心工作之一。《美国图书馆》(*American Libaries*) 杂志还把数字参考咨询("Reference 24/7")评为 2002 年美国图书馆界的十大事件之一。

数字参考咨询的产生缘由主要可归纳为：

一是传统参考服务模式存在弊端。传统参考服务模式存在弊端，难以满足信息时代用户的需求。传统参考服务主要包括选书、书目教育以及有关电子产品的使用等，在指向上最有用，但对复杂并且有深度问题的处理往往简略而肤浅，导致用户上门咨询数量的减少。用户由于受图书馆开馆时间和空间的限制，只能前往图书馆或通过电话与馆员进行直接的交流，馆员对用户提出的问题进行逐一解答。现在随着网络技术的发展和用户自身利用信息水平的提高，他们可以自己在图书馆以外的许多地方利用大量的网络资源，因此，他们希望有问题也能在网上尽快得到解决。统计表明，图书馆接受的上门参考咨询已呈下降趋势。

二是用户对参考咨询服务提出更高要求。网络环境下，用户对参考咨询服务提出更高要求。网络技术的发展，为建立数字参考服务系统奠定了坚实的物质基础。在网络数字化信息环境中，用户希望能不受任何系统、资源、地域限制提出咨询，能在整个网络上搜寻及利用有关资源，能每周 7 天，每天 24 小时不间断地得到咨询服务，并能及时获得可靠的答案。

三是数字信息资源的增长。电子期刊、电子图书、光盘数据库和网络数据库越来越多，出版物数字化和网络化的趋势也越来越明显。这样既增加了用户的兴趣也给他们带来一些问题。因此也需要专人帮助用户解决他们在使用网上资源时遇到的各种问题。

四是严峻的参考咨询挑战。商业和非商业咨询性公司的出现给图书馆带来了严峻的挑战。如 Ask Jeeves 一天能收到 300 万个咨询。他们纷纷建立起自己的数字化平台，如：askme.com、askanything.com、askeric.com、webhelp.com 等等，这些商业性和非商业性数字咨询平台的出现对图书馆参考咨询网站造成强烈的冲击。再者网络信息环境不但为用户提供了众多快捷的搜索引擎系统，而且不断推出各种咨询网站，为用户提供了丰富的参考咨询资源和专家咨询服务。这些服务丰富了网络信息服务形式和效能，并提高了用户对网络信息服务的期待。

1.7.2　概念

所谓数字参考咨询系统（Digital Reference），又称虚拟参考咨询服务（Virtual Reference）、电子参考咨询（Electronic Reference，E-reference）、远程参考咨询（Remote Reference）、网络化参考咨询（Network-based Reference，Networked Reference）或在线参考咨询服务（Online Reference Services）等，是一种基于因特网的帮助服务机制。

数字参考服务是一项新事物，至今还没有一个统一的定义，一些较有影响的表述主要有：

美国国家信息标准组织（NISO：National Information Stardard Organization）曾经于 2001 年 4 月 25—26 日在美国国会图书馆举行

的，由图书馆、信息机构、软件开发商等参加的工作会议上，提交了
《国家信息标准组织关于网络数字参考服务报告》（Report on the NISO
Workshop on Network Digital Reference Services），该报告对于数字参考
咨询作了这样的描述：数字参考咨询（Digital Reference），也称虚拟参
考咨询（Virtual Reference），又称在线参考咨询（Online Reference）。
它是在图书馆原有的多项服务之上又增加的较新的一项服务。该项服
务在公共图书馆、学术图书馆获得广泛的普及。数字参考服务接受用
户（user）通过电子手段向图书馆员提交的问题，这些问题同时由图
书馆员通过电子手段给予解决。数字参考服务可以通过网上聊天适时
进行，也可通过电子邮件异步进行，或者是两种形式结合进行。

美国教育部定义：数字参考服务是建立在网络基础上的将用户
与专家和学科专门知识联系起来的问答式服务。又称虚拟参考咨询
（VRS），或电子参考咨询（ERS）、在线参考咨询（Online Reference）、
实时参考咨询（Chat Reference）。

美国图书馆协会参考咨询与用户服务协会（RUSA）定义：通
过电子方式实现的参考咨询服务，常常以实时形式，用户利用计算
机或其他网络技术与图书馆员进行交流，而不必实际见面。数字
咨询中经常使用的交流渠道包括实时问答、视频会议、网络电话
（VOIP）、电子邮件和即时信息。

ALA 咨询与用户服务协会（RUSA）计算机辅助咨询小组（MARS）
数字参考咨询指南特别委员会定义：数字参考咨询是电子形式的咨
询服务，常常以实时形式，用户利用计算机或其他网络技术与图书
馆员交流，而无须亲自到图书馆。数字参考咨询中经常利用的渠道
包括实时问答（聊天）、网络电话、电子邮件和即时信息。

网络虚拟参考咨询平台（Virtual Reference Desk，VRD），是一

项由美国教育部发起的基于互联网但有专家参与的信息服务项目。虚拟参考咨询就是建立在网络基础上的将用户与专家的学科专业知识联系起来的问答式服务。虚拟参考咨询服务利用因特网将人们与那些能够回答咨询并支持发展这种技能的人联系起来。

由此可见，关于数字参考咨询目前尚无统一的定义。根据各方专家学者的论述，可概括为：数字参考咨询就是指现代网络环境下，咨询馆员、专家针对读者、用户提出的有关特定的信息需求及各种个性化问题，以现实收藏中各种媒体的文献信息资源及丰富多样的网上信息资源为参考信息资源，借助于计算机技术、光盘检索技术、多媒体技术，特别是网络信息传输技术，而开展的对有关信息与知识的调研、搜集、评价、选择、加工、分析、创新、提供与传播的智力主导型的新型信息服务。

1.7.3　特点

（1）参考信息源多元化

网络参考信息源以数字化网络信息资源和数据库为基础，包括网络联机数据库、网络搜索引擎、光盘数据库、传统工具书的电子版等，广泛涉及分布于世界各地的数字图书馆、电子期刊、电子图书和电子报纸等。

（2）服务队伍专业化

数字参考咨询队伍强调专业（能力）素养，包括计算机与网络技术、外语与学科知识，要求建立以计算机技术专家和学科专家为主的专业化咨询服务队伍。

（3）服务对象社会化

在现代信息技术条件下，数字参考咨询服务对象已由"区域化"

向"社会化"延伸，即将过去仅局限于本馆读者扩大为为整个社会服务，他们不受时间、专业、地域的限制，更没有年龄、性别、学历等限制。社会需求与计算机网络的普遍应用，促使图书馆间的横向联系或直接联系日益广泛和普遍，相互合作、资源共享、馆际互借已成为现实，需要提供咨询服务的读者将会日益扩大。

（4）服务方式多样化

通过用户教育、网络资源利用、馆藏布局介绍、当面解答、电话咨询、电子邮件、远程传真、网上咨询等方式进行的交流，可以是一对一、一对 N 和 N 对 N 的交互式信息交流。还有，图书馆通过参与式跟踪服务把参考咨询服务直接运用到教学、科研、生产设计等课题的攻关和科研环节中去，成为课题的重要组成。这种方式能加强相互联系又便于信息沟通，既有利于发挥参考咨询工作人员的主观能动性，又使信息传递从被动索取转变为主动服务。由于数字参考咨询在网络环境下开展，服务的方式已由传统的到馆咨询转变为利用 E-mail、BBS 留言板、聊天软件和视频会议等现代化方式。

（5）服务手段智能化

在网络时代，以网络为中心的计算机技术、网络技术、通讯信息以及多媒体技术在图书馆的广泛应用，信息咨询服务已由手工检索向现代化检索方式迈进。联机服务、光盘检索服务、网络服务等现代化信息服务方式正在逐步增多。这种联络智能化使得咨询者之间、参考馆员之间、馆际间，甚至于国际间的互动合作与交流不断加强；智能化还可以将咨询解答自动保存在图书馆的"知识库"中，这样就可以方便日后的咨询工作，如用户咨询的问题在"知识库"中已有答案，咨询馆员可以直接调出答案并传递给用户，从而提高了工作效率。

（6）服务功能多元化

在信息时代，随着社会发展和用户需求的不断变化，参考咨询服务的社会功能也将向新的方向扩展，即多元文化信息服务。所谓"多元文化信息服务"，是指参考咨询服务除了提供咨询答案之外还有其他辅助性的文化活动。

1.7.4　意义

在计算机发展史上，最值得纪念的日子是 IBM 生产出第一台个人计算机，在网络的发展史上最值得纪念的是 Mosaic 被 Netscape 所取代，或者说，比尔·盖茨最终决定微软认可网络。同样，可以相提并论的是，虚拟咨询台从根本上改变了图书馆员与用户的交互关系，将参考咨询服务带入了一个新纪元。人们常常认为数字图书馆只是可以从远程存取的电子资源的集合。然而，为计算机用户之间协作而设计的软件，使我们从更大的角度认识数字图书馆，即数字图书馆不仅包括电子存取资源，而且包括电子存取服务。

（1）数字图书馆不可缺少的组成部分

数字图书馆建设经历了从初级到高级的不断完善的一个过程，人们对数字图书馆的认识也在不断变化。张晓林博士根据数字图书馆建设的基点、体系形式和所解决的关键任务的不同，将数字图书馆分为三代。而数字参考咨询是第二代数字图书馆的重要特征之一。第一代数字图书馆是数字信息检索点（Points of Access to Digital Information），强调的是内容（Content）、数字资源（Digital Resources）。第二代数字图书馆是信息服务提供者（Information Service Providers），强调的是机构（Institutions）或服务（Services）。1994 年美国召开的数字图书馆研讨会强调，服务完备的数字图书馆必须实现传统图书馆的所有必要的服务，还要开发数字存贮、查找和交流的优势。*Information Processing & Management* 1999 年第 3 期"数字图书馆进展"专栏编者在评论中阐明，数字图书馆是在一个设计复杂的空间内运作，这个空间由社区、技术、服务和内容四维构成。C. Borgman 早在 1992 年就提出，数字图书馆（当时称电子图书馆）是：①服务；②基础设施；③信息资源及文本、数值、图表、声音、图像数据库；④查找、检索和利用现有的信息资源的工具和能力。

1998 年，B. G. Sloan 指出了数字图书馆参考咨询和信息服务的缺乏。J. V. Lombardi 提出：帮助用户在数字化泛滥的世界中查找资源是第一要务。G. Marchionini 和 E. A. Fox 更是态度鲜明地指出：服务反映了服务于用户群的系统所提供的功能。方便查找和浏览的存取服务是迄今数字图书馆研究的核心，但亟需关注参考咨询与问答、即时帮助，培养公民的信息素养，简化用户参与度。

（2）延伸了参考咨询服务的空间

图书馆电子资源的激增使得用户可以不用到图书馆就可利用图书馆从事研究工作。用户可以在家里、办公室、实验室等地获取和利用全文数据库、数字化图书馆资源、电子书刊。与此同时，远程获取电子资源也要求提供相应的服务支持对资源的利用。美国宾州州立大学图书馆拥有 300 多种数据库，这么多的数据库常常会使某些用户不知所措。从事研究的远程用户不仅希望得到查找某一个数据库的帮助，而且希望得到与面对面咨询时一样好的服务。这也正是我们新的责任，这一点美国图书馆界已给予高度的重视。大学与研究图书馆协会（ACRL）"远程学习图书馆服务指南"指出：无论学生、教师和教学计划在什么地方，获得充分的图书馆服务和资源，是高等教育提高学术能力不可缺少的。远程学习者与传统校园的师生应拥有同等的利用图书馆服务和资源的权利。

随着网络条件的改善和网络资源的增多，可以预见，越来越多的用户更有可能选择不到图书馆获取文献信息资源和图书馆所提供的服务。远程用户将成为越来越庞大的一个群体。这个群体是看不见的，却又是客观存在的。图书馆参考咨询服务的好坏对这个群体有着直接的影响。把远程用户看作图书馆平等服务的一员，提供技术所带来的更直接、更有效、更可靠的服务，是图书馆服务发展的一个必然趋势。

（3）远程教育发展的迫切要求

在远程教育条件下，学生可以在图书馆，也可以在宿舍、家里利用图书馆的资源。尤其是分布在各地、甚至各国的远程教育的学生，他们除了利用网上提供的资源和服务外，别无选择。英国的开放大学（Open University）是英国最大的远程教育机构，拥有约20万名学生，学生分布在英国、欧洲大陆和世界其他地方。学校提供360门课程，学历从本科到研究生。所采取的教学方式叫做"支持开放学习"，学生基本上是在家里做功课，有些课程以联机的方式讲授，因此，学习对远程咨询的需求是很强烈的。美国的宾州世界大学（Penn State's World Campus）是一所虚拟大学，学生遍及美国全国和20个国家。这所学校的成功一定程度上取决于图书馆远程提供的资源和服务对教学计划的支持。宾州州立大学图书馆多数电子资源已延伸到远程用户，引入数字参考咨询服务保证了用户在利用图书馆的过程中得到个别的帮助。

（4）促进了共享专家资源

图书馆参考咨询中，参考馆员扮演着重要的角色。参考馆员应当是真正的信息管理专家，不仅要熟悉传统的印刷型文献，也要熟悉数字化网络化信息资源；不仅具有一般图书文献和知识管理的理论知识和实践经验，最好还要了解某些学科的基本情况；不仅要懂中文，最好还要懂外语。但任何一个图书馆的学科专家结构都有所侧重，不可能面面俱到，很多图书馆都有一些在某个方面具有特别优势的馆员，有的堪称某一学科的信息专家，可以应答关于这个学科的各类文献信息问题。协作式联合数字参考咨询就为更好地发挥这些咨询专家的作用、共享这些专家咨询员的智慧提供了一个平台。当参与协作式联合数字参考咨询的图书馆碰到超越自身知识能力、难以解决的复杂问题时，可以寻求合作馆相关专家咨询员的帮助。

（5）适应了用户行为的变化

传统的参考咨询对某些习惯了有图书馆员指导查找信息的用户而言是最方便的，但那些习惯于独立工作的用户，更喜欢数字参考咨询服务所带来的方便和快捷。用户看重数字参考咨询服务最主要的是速度快、交互方便。许多人观察到一种现象：即使用户来到图书馆，在终端前查找资料，他也通常不愿意去咨询台（可能近在咫尺），而选择数字参考咨询。"非中介性"（Disintermediation）正在成为网络时代用户行为的最突出特征。正如 J. Koyama 所认为：信息时代的用户不局限于、也不关心建筑物和参考咨询台的工作时间，也不关心二者的差别。他们对服务提供者按照地域限定主要用户的分类方法提出挑战。他们接受参考服务更愿意以匿名形式，而不是面对面形式，这样可以摆脱由图书馆员控制的面对面交流本身的拘束。

Steve Coffman 曾经推测，商业咨询服务（如 Ask Jeeves 和 Webhelp）的快速发展可能意味着它们所提供的答案被用户充分地认可。如果一定要求在高质量但不方便的图书馆参考咨询和迅即方便的网络之间作出选择，多数用户似乎将选择网络。Terry Casey 利用电话和专题小组对美国俄亥俄州民众的调查，反映了用户行为的变化。当被问及"当你查询信息或问题的答案时，你首先选择的是什么"，在 1998 年 12 月底，25% 的答复者说他们去公共图书馆，23% 的人说去上网。2000 年 6 月对同一个问题的调查结果显示出巨大的反差：35% 的人选择上网，而只有 12% 的人去公共图书馆。这种趋势肯定会继续下去。

（6）与商业咨询服务的竞争

既然商业和非商业网站都在提供数字参考咨询，而且这些服务在资金、用户数量、服务时间等方面都具有很大的优势，那么，图书馆可否放弃这块阵地，让位给商业和非商业网站？如果这样，对用户将产生怎样的影响？对这个行业又将产生怎样的影响？

尽管商业性网络参考咨询服务力图掩盖这一点，但事实是，他们的第一要务是保护和加强投资者的商业利益。一旦需要他们在满足用户的利益或公司的利益中作出选择，损伤的总是用户的利益。更糟的是，用户很可能并不知道自己失去的利益。

商业服务（如 Ask Jeeves）主要利用因特网寻求答案，而图书馆开展的数字参考咨询不仅利用因特网，而且利用图书馆员的专业知识和技能以及图书馆丰富的馆藏，不仅利用数字信息资源，而且利用印刷本型的文献资源。根据 Bowker Annual 2000 年的统计，美国仅大学图书馆就拥有馆藏 8.06 亿册，其中 4.49 亿册是独一无二的，只有某一个图书馆才收藏。这成为网络所不能取代的参考源。而商业公司依赖的主要资源是网上的免费资源。北卡州的一个联合体系统对 Ask Jeeves 进行了非正式测试，向它发送了 12 个成员馆已回答的 12 个问题。这些问题既不刁钻，也不神秘，只是这些图书馆通常接收的问题，但 Ask Jeeves 一个也回答不上来。据另外一个报告，

Ask Jeeves 一年接收的 4.85 亿个问题中，有 70% 以上是美国的各公共图书馆已经回答过的问题。

S. Coffman 提出，图书馆区别于网上其他信息源的一个方面是图书馆提供各种学科领域新的、权威的和没有偏见的数据。图书馆拥有一批在各学科领域具有专长的学科馆员，同时又具有借用馆外学科专家的传统。这种优势也是保证图书馆能够提供高水平服务的一个重要因素。

但是，图书馆提供的数字参考咨询也面临着某种大的挑战，其中最大的挑战是：商业咨询服务拥有庞大的用户群，拥有技术开发的先天优势，拥有灵活有效的运作机制，构成了与图书馆参考咨询分庭抗礼的资本，但这也正是值得图书馆参考咨询学习和借鉴之处。事实上，商业咨询服务继承了图书馆的许多传统。Webhelp 的首席执行官 Kerry Adler 认为他们就是网上图书馆员。图书馆的参考咨询与商业、非商业咨询服务在相互借鉴中生存，在相互竞争中发展。垄断和一统天下的时代已不复存在。

1.8 国内外数字参考咨询的发展现状

1.8.1 国外数字参考咨询的发展现状

1984 年，美国马里兰大学的健康服务图书馆率先推出电子参考服务，这是世界上第一个走向在线化的数字参考服务。1989 年，美国佛罗里达州 Gainsville 大学 George A. Smathers 图书馆首创电子邮件咨询服务。1992 年，由美国联邦信息中心资助的教育咨询信息中心（Educational Resources Information Center）推出基于 web-Form 的咨询服务，提供 Ask A 服务。

随着网络技术的不断发展，1995 年，出现了使用简单 Chat 技术的 Ask ALive 服务，其在较低的层次上实现了实时交互式的网上咨询服务。自此，国外一些图书馆纷纷开始应用 Chat 技术在网上开展实时咨询，多数图书馆通过购买商业软件提供服务，而一些实力较强的图书馆则自行开发了实时参考咨询系统。1999 年，美国只有 5 家图书馆提供实时参考咨询服务，到了 2002 年，全世界有 600 多家图书馆提供实时参考咨询服务。目前，较流行的实时参考咨询系统软件有 Virtual Reference Toolkit、24/7 Reference 等。

1997 年，英国的 EARL（Electronic Access to Resources in Libraries）就建立了有 60 多家成员参与的分布式合作咨询系统，称为 Ask a Librarian。该系统通过网络表单来接收用户咨询的问题，再以电子邮件分发给合适的图书馆，相应的咨询人员再将答案以电子邮件方式传给用户。

2000 年，美国国会图书馆联合多家图书馆开发了联合数字参考咨询服务（Collaborative Digital Reference Service，CDRS），次年又与 OCLC 即联合计算机图书馆中心（Online Computer Library Center, Inc.）合作，对 CDRS 进行了二次开发，成为第一个全球范围内的分布式实时合作咨询服务系统，并改系统名称为 Question Point。该系统由专家库（各地咨询成员属性）、知识库（问答档案）和资源库（全球书目和全文数据库）组成，用户可以通过 web 咨询表、电子邮件、网上聊天、声音和视频传递请求获得答案，有效地实现了信息资源、人力资源、服务资源等最优化共享与利用。目前已有 300 多个成员馆，我国也有 6 家图书馆加入了该项目。美国国会图书馆正在此基础上引领建设世界参考咨询网络（Global Reference Network，GRN）。

VRD 是美国教育部发起的网络虚拟参考咨询平台（Virtual

Reference Desk），是一项致力于推进数字参考咨询，并成功创建和实施的基于互联网但有专家参与的信息服务项目。VRD 提供的主要服务有：ASKA 服务连接用户、支持服务开发、促进合作和交流。

MCLS 是美国 LSTA 基金资助的加州地区城市合作图书馆系统的（Metropolitan Cooperative Library System）项目。该项目由位于洛杉矶周边区域的 30 多个城市和地区公共图书馆组成联合体，系统采用网络呼叫中心软件，集成了电子邮件、聊天室、电话和网络会议等功能，以合作的方式为该地区的居民提供图书馆服务。

1.8.2　国内数字参考咨询服务的发展现状

我国数字参考咨询服务是在 2000 年后开始起步的，其中最主要的模式有以下几种：

（1）电子邮件（E-mail）

电子邮件是目前数字参考咨询中最常见的服务形式，可分为两类：基本的电子邮件和基于 Web 表单的电子邮件。前者的基本做法是在图书馆主页上设立一个简单的电子邮件地址链接，读者提交问题时，只需点击该链接，计算机将立即启动电子邮件软件，读者写好电子邮件即可通过电子邮件软件发送给图书馆。基于 Web 表单的电子邮件是把 E-mail 和 Web 结合起来，基于 www 方式进行 E-mail 收发的一种电子邮件系统，称为 Web-Mail。这是最初级的一种数字参考咨询服务的形式。

（2）常见问题库（Frequently Asked Questions，FAQ）

常见问题是最基本的专家系统，它能够把用户可能遇到的最常见的问题分门别类地加以说明，并提供关键词等方式的检索途径，这样一来，用户就可以随时查到自己所需要解决问题的答案，这也是真正意义上的实时咨询。

（3）实时数字参考咨询服务（On-line Digital Reference Services）

实现实时聊天可以通过 chat 技术，即通过点对点信息传输技术（Point to Point Transfer，PPT）实现向某一固定用户发送其所需信息，不至于造成其他在线用户的垃圾信息堆积现象。通过实时聊天，用户和咨询服务人员能够进行实时信息交流，迅速掌握并满足用户的信息需求。因此，实时聊天是一种最便捷的咨询服务方式。

（4）网络化协作参考咨询服务（Collaborative Digital Reference Service）

我国图书馆界在数字参考咨询服务领域的协作项目影响力较大的有 4 个：一是中国国家图书馆发起的"全国图书馆信息咨询中心"；二是上海图书馆推出的"网上联合知识导航站"，成员包括上海十几所高校图书馆；三是广东省立中山图书馆的数字图书馆参考咨询服务中心（联合参考咨询网），是由二十多个省市县图书馆联合参加的合作服务；四是中国高等教育文献保障系统（CALIS）中心组织的重点学科导航库。数字参考咨询的最终目标是整个数字化空间中的资源共享、专家共享和服务共享，因此无论从这个根本目标还是从各个国家现在的实践都说明数字参考咨询最终要走向协作。

1.8.3　国外数字参考咨询服务对我国数字参考咨询服务发展的启示

国外数字参考咨询发展较我国早，虽然这是一个新的发展领域，但其发展速度快得惊人，国内外对它的关注颇多，尤其是近几年来这方面的研究文献、学术会议也增长迅猛。但数字参考咨询中还有许多亟待解决的问题，这就需要图书馆做好以下工作，更好地为用户服务。

（1）提高馆员素质

现代信息技术条件下，馆员应充当信息提供者、信息指导者、信息宣传者，提供中介服务和教育服务，一个咨询馆员应具有职业道德、信息服务意识、专业技术、计算机技术、网络技术及较高的外语水平。

（2）做好实用软件开发工作

尽管现在有各种各样的咨询软件，但大多数并不适合图书馆的需要，有关专家应该根据这些产品的特性开发出更符合我国图书馆使用的咨询软件。

（3）加强基础设施与网络参考信息资源的建设

构建一个真正综合性、宽领域、多功能，可以随时满足人们多角度、全方位需求的数字参考服务体系。

（4）提供多种咨询形式

从国外在数字参考咨询的实践看，其优势主要是通过各种咨询手段为用户提供服务，例如：分析问题，澄清问题，快速进行知识导航和电子文献导航等。尤其是电子文献导航，其比较适合处理相对简短、查找答案相对方便的即时性参考提问（Ready-Reference Questions），不大可能承担大型的商业性咨询课题，也不可能承担解答医学、法律问题可能带来的责任。

我国的图书馆应根据实际情况，多种咨询形式并举，以充分满足用户的不同层次、不同类型的需求。

第2章　数字参考咨询与传统参考咨询

2.1　数字参考咨询与传统参考咨询的异同

2.1.1　信息源的异同

参考咨询信息源是开展参考咨询工作的物质基础，是参考咨询服务的质量保证。传统参考咨询源是以印刷型文献信息（主要是本馆文献，也可通过馆际互借利用他馆文献）为参考信息源。在参考咨询中根据可利用印刷型文献和信息的使用特点，可将信息源区分为检索型信息源和知识型信息源。检索型信息源包括书目、索引、文摘、卡片目录、联合目录、名录等检索工具。知识型信息源包括字典、词典、百科全书、年鉴、手册、专著、教科书、地理资料、文献指南、非传记指南、一次性出版物等参考性工具。虽然以上文献举列并不全面，但几乎包括了图书馆的所有馆藏，涉及各学科门类。一般来说，参考工具类别越多，数量越大，解答咨询的能力就越强。其次是馆藏文献的质量，如馆藏书刊类型完备性、所涉及的学科全面性、出版时间连续性以及权威性书刊配套等，是完成参考咨询工作的保障。

网络环境下的参考咨询主要以电子出版物、网络出版物为参考咨询源。网络参考信息源主要有以下几种类型：

（1）CD-ROM 出版物

CD-ROM 具有容量大、寿命长、价格低、携带方便等优异性能，是有效永久性多媒体信息的理想介质，得到广泛的运用。从发展趋势来看，呈爆炸性增长。全世界销售的 CD-ROM 品种，1986 年54 种，1989 年 250 种，1990 年 2250 种，1992 年 5300 种，1995 年达到 12000 种等等。

（2）光盘数据库

利用光盘技术制作的光盘数据库的存贮容量巨大（一张直径12cm，厚 1.2mm 的 CD-ROM 光盘可存贮 680MB 的信息），可轻易存储总字数达 1.2 亿字的《中国大百科全书》，一张《中国外商投资企业咨询库》光盘，含有全国 18 万家合资企业的数据，相当于两卡车的纸张资料；检索速度快（目前使用的 8 速光驱的数据传输的理论速度为 1.2MBPS，接近硬盘水平，一个普通课题的检索一般能在数秒内完成）；性能强（光盘文献数据库多配有高性能的检索系统）；可靠性好，保存时间长（光盘数据库采用激光扫描盘面信槽方式读出信息，反复多次使用也不会损害盘面，且不受磁场影响，而且耐高温，故保存时间极长，可靠保存期可达 10—40 年），发展迅猛。据 Gale 公司统计，截至 1995 年，全世界拥有光盘数据库 8525种，其中美国产品占 69%，为世界其他国家数据库的拥有量的 2 倍。在这些数据库中，有 380 种数据库的记录在 100 万条以上，超亿条记录的数据库有 10 种，81 种数据库的记录在 1000 万—1 亿条之间，289 种数据库在 100 万—1000 万之间，其余数据库记录的平均值为 11.21 万条左右。北京万方数据股份有限公司 2005 年完成的一项调查，范围涉及我国国家级信息机构、国家级科研院所、重点高等院校等903个单位，覆盖资源环境、农业、人口与健康、基础科学与若干科学前沿、工程技术、科技管理等六大领域36个子领域，提供了全面的数据库建设规模、学科和地区分布、建设投入、运行管理以及技术应用等方面的状况，数据显示，本次调查的数据库共有2459个，数据总量达497.18TB，共获得建库资金28.27亿元，30.9%的数据库积累年限在10—30年之间。六大领域中，资源环境领域数据库个数最多，达1098个；数据总量最大，有406.47TB；获得的建库经费最多，达22亿元；数据积累年限也最长，30—100"年藏"的数据库数量最多。

（3）联机取存信息源

目前世界上国际联机数据库存取系统已发展到相当水平，联机网络和检索终端几乎遍及全球所有的国家和地区。开展国际联机数据库检索服务的机构在1990年就有644家。我国有72个国际联机检索终端分布在全国各个省市。根据《Cuadra联机数据库名录》一书统计，20世纪90年代初，联机数据库和全文数据库量已超6300个，有近2000个联机数据库生产者。这些联机数据库以书目数据库为主，也有大量的数值数据库和全文数据库。随着因特网的产生和发展，联机检索服务正在与因特网相互融合。

（4）因特网信息源

因特网上的信息源主要有各类联机数据库、联机馆藏目录库（网上已有6000多个电子图书馆通过网络对外开放，提供联机公共目录检索系统（OPAC）服务、电子图书（在因特网上已有上万种电子期刊和图书向用户提供服务）、电子报纸（据统计，网上已有上千种电子报纸提供给用户使用，其中很多是免费的）、软件与娱乐游戏资源（大多数可免费使用）、教育培训类信息（如工具介绍、语言帮助等）和动态性信息（如电子邮件、网络新闻、BBS、广告）等。此外，网上还有许多电子版的参考工具和因特网快速参考工具资料（如百科全书、名录指南、地区参考资料、统计资料和法律法规等）可供使用。不仅如此，各个图书馆还有大量的印刷型文献可在咨询过程中经过数字化处理供数字参考咨询使用。图书馆数字参考咨询信息源已从一馆馆藏拓展到全球，可谓应有尽有，取之不尽，用之不竭。

　　从以上比较分析可以看出，数字参考咨询的信息源在传统参考信息源的基础上大大拓展了，丰富了。相比之下，数字参考咨询信息源不仅数量巨大、形式多样、内容丰富，而且利用方便、远程可取。从价格和长远的发展来看，网络信息源的比重将会越来越大，它不再是传统图书馆参考咨询服务的补充，而已经成为参考咨询源最重要的组成部分。其根本原因在于，图书馆数字参考咨询的信息源不仅包括了电子信息源，还包括了印刷型文献信息资源。

2.1.2　服务手段的异同

　　传统的参考咨询服务以手工检索为主要手段，一般是对文献线索的检索，以正本文献为主要对象。参考馆员通过手翻眼看参考工具文献资料来解决用户提问，然后用手抄整理形成咨询档案。回答一般以口头的形式，比较固定单一。参考馆员的主要精力都要用在常规咨询上，不但辛苦，而且大量宝贵时间都花费在琐碎的细节上，难以发挥其智力优势。

表2-1 数字参考咨询与传统参考咨询服务手段比较

类型	数字参考咨询	传统参考咨询
检索功能	随用户的检索而不断进行动态的逻辑组配，检索功能强大	只能静态、线性地进行检索，检索功能弱，难度大
检索途径	数据库提供了多项检索点，还可借助联机情报检索系统来检索馆外的数据库	检索点少，参考源只限于本馆工具书
检索速度	高效，快速，响应时间短，效率高而省力	效率低，烦琐，既费时又费力
检索质量	查全率高，但查准率低，保密性差，给用户带来一定的困难	查全率低，但查准率高，保密性强

随着现代信息技术在图书馆参考咨询中的应用，数字参考咨询服务手段发生了一系列引人瞩目的新突破和新发展，开始由手工操作向计算机自动化和网络化操作转变。数字参考咨询的服务手段的变化可从以下几个方面表现出来：

（1）咨询问题的提出

用户不必亲临图书馆，可以通过微信、微博、QQ、电子邮件、网络电话、图书馆官方网站和咨询网页上留言等方式向馆员咨询。

（2）咨询项目管理

咨询工作计划、财务管理、咨询馆员的工作分配、工作记录、用户档案、咨询专家文档、咨询解答档案和用户反馈信息都可直接利用计算机管理。

（3）咨询问题解答

咨询馆员可以通过计算机检索（光盘检索和单机数据库检索）、联机数据库检索和网络信息检索（利用电子邮件、电子论坛、电子公告板、网络新闻、远程登陆、文献传输和网络检索工具等方法），多途径深入地获取文本、声音、图像、多媒体及一些特殊的数据信息。简单、重复的问题可直接引向网上专家咨询系统或 FAQ（常见问题咨询），复杂的研究性咨询可提交给网络咨询讨论组或通过网络咨询协作系统来完成。

（4）咨询解答提供

随着计算机检索和网络检索技术的发展，不仅可以通过网络向用户完成线索、数据、知识点和信息单元的提供，还可以提供全文和多媒体信息，从过去的相关检索到现在的直接检索，咨询结果更贴近用户需求。数字参考咨询可使咨询馆员从烦琐的事物中解脱出来，投入到参考咨询的知识性和智力性工作中，使参考咨询效率更高。

从传统参考咨询与数字参考咨询服务手段比较中可以看出：两者在咨询工作原理和程序上并没有不同，都是咨询馆员利用有效的检索工具从信息源中查找相关的信息以解答用户提问。不同的是，传统咨询需亲自上门，往往受到时间和地域的限制。数字参考咨询通过计算机和网络远程来完成对咨询问题的解答，速度快、效率高，不受时间、地域的限制。尽管两者存在巨大的差别，但并不排斥它们在实践工作中的结合点。简单的事实性咨询可直接通过网络来完成，复杂的研究性参考咨询，则需要通过手工检索和网络检索相结合来共同完成，然后通过网络提供解答。另外，保密性咨询通过手工检索完成，非保密性咨询问题通过网络检索完成即可。

2.1.3　服务方式的异同

传统参考咨询的服务方式主要以图书馆为轴心，读者须亲自到图书馆以面对面的方式接受咨询人员的各种服务。这种服务方式大多数是单个、被动、重复、琐碎的，是比较简单和单一的，通常是以读者到馆咨询提问为主要形式，偶尔以信函和电话咨询方式补充。该服务方式的实现形式有以下几种：咨询台（解决简单的、重复的咨询问题）；面咨（馆员和用户面对面交谈）；函询（馆员和用户通过信件交流咨询信息）；电话咨询，专家会议（召集咨询专家讨论解决复杂的研究性咨询问题）；多馆合作（多馆合作咨询共同完成一馆不能解决的咨询问题）。

网络环境的形成使参考咨询服务的方式以远程、虚拟为主要特征，目前正向着开放化、多样化发展。

表 2-2　数字参考咨询的服务方式

服务内容	服务方式
设立参考咨询台	口头咨询服务、电子邮件（E-mail）、Web 咨询表单、电话、电子公告板（BBS）、聊天咨询室（QQ）、图书馆主页、专题评论、数据库（FAQ、OCLC、OPAL 等）、讨论组（group）、联机信息检索服务、实时咨询服务（Real-time Reference Service）等
构建网络合作咨询系统	电子邮件（E-mail）、Web 咨询表单、电子公告板（BBS）、邮寄、聊天咨询室（QQ）、讨论组（group）、联机信息检索服务、协作数字参考服务（CDRS）、即时视像咨询等
进行用户教育	开设课程、培训班、专题讲座、个别辅导、在线教育、图书馆主页、实地考察、电子邮件（E-mail）、Web 咨询表单、"网络教育"、讨论组（group）等
开展科学研究	调查研究、学术报告、课题跟踪、综述、统计分析、讨论组（group）、电子邮件（E-mail）等

数字参考咨询的服务方式以用户为中心，远程、虚拟是其主要特征。形式多种多样，不拘一格。网络信息服务方式主要有：电子邮件（馆员和用户可以利用电子邮件异时异地地交流信息，简捷、及时、方便，成本低廉）；网络电话（馆员和用户通过网络电子交谈，实时高效，费用远远低于普通电话）；图文信息电视广播（国

外使用较多，主要用于用户教育和培训，向用户集中解答一些普通性的问题）；Web 主页（图书馆可在 Web 主页开设咨询栏和留言簿，定时解答用户的咨询问题）；咨询讨论组（让用户参加特定的咨询问题讨论小组，参与讨论或直接获取信息）；建立网上咨询新闻组（又称 FAQ，将常见问题及解答存入图书馆信息主页）；"Stumpers"（利用网上的 Stumpers 解答咨询疑难）；联机咨询（类似热线电话，在特定时间内用户可就咨询问题直接与咨询馆员在线交流；计算机专家咨询系统（将常见的咨询问题组织成咨询数据库，联入图书馆主页，向用户提供 24 小时全天候服务）；远程电视会议咨询和视频会议咨询讨论组（利用远程电视会议和会议技术在图书馆中开展信息咨询）；网络合作咨询（将复杂的研究性咨询问题提交给加入网络协作咨询系统的图书馆共同解答）；在不久的将来还会实现虚拟技术在图书馆咨询中的利用。如此众多的数字参考咨询服务方式极大地方便了馆员和用户。尽管有些服务方式还很不完善或正在完善中，但这只是时间上的问题，终究会实现的。

　　通过以上分析可以反映出，传统参考咨询的服务方式已远远落后于数字参考咨询的服务方式，传统参考咨询方式虽然有利于了解用户真正的信息需求，但受到时空的限制，不能满足用户在电子信息和网络信息方面的特定需求，而且非本地的用户一般不能获得此种服务。而数字参考咨询的服务方式则丰富多样，更方便、更快捷、更有效地满足了用户的信息要求。终端用户通过以上方式，可随时随地获得网上图书馆的信息服务，图书馆馆员也可即时通过网络咨询给予回答。统计数据表明，图书馆接受的上门参考咨询问题已经呈下降趋势。

2.1.4　服务内容的异同

传统参考咨询工作内容主要包括书目参考和解答咨询两个方面。书目参考在文献调查的基础上编制二次文献、三次文献，为读者提供所需的文献知识和文献线索。解答咨询是解答读者关于文献和文献内容的各种提问。参考工作的内容十分丰富，有其自己的内容体系，具体包括：文献调查工作、参考工作、书目工作、解答咨询、文献检索和文献提供。除此之外，许多研究者还把读者辅导、用户教育培训、文献检索课教学、馆际互借、参考咨询评价等都纳入了参考咨询范畴。参考咨询的内容十分丰富，根据咨询提问可以把参考咨询概括为三种类型，即事实性咨询、指导性咨询（或称线索性咨询、检索型咨询、指示型咨询）和专题性咨询（或称研究型咨询）。有相关研究者已对国内外参考咨询的内容范围和类型的演变作了充分的研究。总之，传统参考咨询是以纸质文献为基础、以手工检索为方式、以馆藏文献为对象而进行的各项问题的答疑活动。

在网络环境下，图书馆参考咨询开展了大量的网上信息服务，具体包括以下内容：

（1）信息咨询服务（Online Reference Service）

①电子邮件咨询服务（E-mail Reference）。国内外许多图书馆采用了各种形式开展电子邮件咨询服务，如美国印第安纳大学图书馆主页设有"Ask A Library"专栏；我国多数图书馆主页上开辟了"读者意见"等形式来提供诸如文献代检服务、查新服务、定题服务等类型服务。

②经常性问题解答（FAQ）。咨询馆员收集、总结一些用户经常遇到的典型问题，进行分类，并汇集答案，作好周密解答，然后接到主页上，供用户多次反复使用。

③即时视像服务（Real-time Teleconference）。其主要技术设备是视像会议软件（"CU-See Me"共享软件），是一种可视可交谈的共享白板（Whiteboard）辅以摄像机、话筒、交流窗口等功能。可以实现咨询专家与用户同图书馆咨询人员当面交流的效果。

④专门咨询问题解答。网页上开辟"读者园地""读者留言"等栏目或通过设置读者咨询专栏，设立专门问题咨询讨论组等方式，作为图书馆咨询部与用户，以及用户与用户之间交流知识、信息的基地。

（2）网上用户教育

在网络环境下，图书馆用户教育的许多内容都转移到网上。网上用户教育则是利用网络技术将用户指导教程链接到图书馆主页，为用户自学提供方便。许多图书馆将本馆的电子信息资源挂接到图书馆主页上，咨询人员根据电子信息源的特点分别编写使用指南，供用户查询。

（3）网络检索服务

网络检索是数字参考咨询的重要内容和手段。数字文献的产生及与网络的结合，使信息检索完成了从手工检索到高效率自动化检索的转变。光盘数据库检索系统、网络数据库检索系统和因特网搜索引擎自动化检索系统的出现，使信息系统实现了多途径、多媒体、全文、全方位信息检索。

（4）文献传递

网上文献传递是图书馆之间实现资源共享、满足用户全文信息需求的重要方式。文献传递服务在图书馆的应用范围包括馆际互借、全文数据库检索下载、网页搜索与文件下载、联机数据库检索等。服务形式有三种：①全自动检索，"一站式"获取全文文献，主要通过全文数据库和数据库的全文链接来实现。②检索文献线索，通过电子邮件索取和传递全文，有时是通过手工检索原始文献，转换成数字文献后传递。③文献代检服务，代替用户向联机数据库检索并获取原文。

（5）网络信息资源导航服务

网络信息资源良莠不齐，杂乱无序，给用户利用网络信息资源造成了巨大困难，这就需要作为网络专家的馆员指导用户利用信息查询工具检索信息。服务形式有三种：①网络信息资源发现报道。②常用网络信息资源导航。③建立专业网络信息资源导航数据。

（6）定题服务和跟踪服务

定题服务和跟踪服务是指根据用户给定的课题全过程为用户提供相关信息的服务。网络环境下的定题服务有直接定题服务和间接定题服务两种方式，直接定题服务是指某些电子文献数据库本身所带有的定题服务功能或数据库公司直接提供最终用户的定题服务功能。间接定题服务是指咨询馆员利用各类不断更新的电子信息资源，检索既定服务对象研究课题相关的文献信息，并及时发送给用户。

（7）网上查新咨询服务

查新咨询服务是针对需要查新的项目，对其新颖性、先进性、实用性进行全面论证和评价，最后写出有分析、有建议、有对比的查新报告，为科技或企业领导及专家评议提供依据。查新咨询服务的范围很广，包括科研立项、科技成果鉴定、新产品设计和开发、国外技术引进项目论证、科技奖励申报及专利查新、标准查新等。

（8）镜像数据库服务

咨询馆员根据用户需求，预先设定网址，把网上信息合法备份下来，并自动跟踪有关专业、课题方面的信息，然后经过筛选、下载、建立自己的专业数据库。镜像数据库建立以后，可在本馆反复使用，避免用户重复上网，浪费时间、精力和费用。

（9）编制数据库

在网络环境下，图书馆咨询部的一项重要任务就是要编制数据库，积累信息，为咨询部利用本馆资源和网络信息开展参考咨询打下基础，同时也方便用户检索利用网上信息。咨询部应编制的数据库包括咨询数据库、咨询档案库和特色数据库等。

（10）介绍和评估网络检索工具

利用网络检索工具查找网络信息是用户获取网上信息主要手段，网络检索工具特点不一，功能参差不齐，检索方法各不相同，检索结果也大不一样，这就导致用户利用检索工具获取信息困难重重，因此需要图书馆咨询部对网络检索工具进行介绍、分析、比较，并编制使用指南以供用户使用。在网络检索工具中，对搜索引擎进行介绍和评估是重点。

介绍和评估搜索引擎主要包括：一是介绍和比较各类搜索引擎的优缺点。二是评估搜索引擎。评估的主要指标包括：数据库规模（多少 URL 和多少 HTML 文件、索引组成、更新周期等），索引方式（自动索引、人工索引、用户提交等），检索功能（检索特点、布尔查找、完全匹配、相邻匹配、大小写有别、检索项目等），检索结果（相关性排序、输出数量、输出格式选择、显示内容、摘要质量等），界面设计（帮助文件、检索功能说明、查询举例、易学易用与否等），以及响应时间，查准率，查全率等。三是介绍检索方法，重点在于介绍各种搜索引擎支持何种查询、检索方式、检索技巧和特殊检索规则等。

（11）开发网上信息资源

网上信息资源具有数量丰富、种类多样、良莠不齐、广泛分布、变化多端等特点，给用户利用网络信息资源带来诸多不便。为了满足用户网上信息需求，需要图书馆咨询部对网络信息进行深入开发，将有价值的信息和隐含信息挖掘出来。

（12）网上协作咨询服务

任何图书馆的资源都是有限的，包括人、信息、设备、经费和技术等，而用户的咨询问题又是广泛的、特殊的、专深的，因此一个图书馆不可能单独完成所有咨询问题的解答，这就需要图书馆之间广泛地开展合作。图书馆网上协作咨询服务的形式主要有：电子邮件系统协作咨询；建立网上咨询讨论组，如疑难问题讨论组（Sturripers-L@Crecuis）等；开发网上咨询协作系统，如中国国家图书馆的"中国咨询协作网"等。

数字参考咨询与传统参考咨询相比，在服务内容上更新、更丰富（有传统参考咨询的服务内容，也有数字参考咨询的内容），在服务内容上更广（解答的问题不受学科专业的限制，没有深度上的制约），在服务层次上更高（简单的问题可通过计算机网络自动完成，咨询馆员主要从事对智力性较强的研究性问题的解答）。

2.1.5 服务对象的异同

从参考咨询服务对象来看，传统参考咨询对象一般局限于本单位或本地区并履行了有关手续的图书馆读者，如有馆外用户来馆咨询，常以馆际互借的形式进行。如：高校图书馆咨询服务的对象以该校师生为主要对象，科学研究图书馆咨询服务的对象以该研究机构的工作人员为主要对象，而公共图书馆咨询服务则以普通读者和用户为服务对象，各类型图书馆之间较少存在公共用户。而且用户信息意识不强，咨询问题的内容比较简单，形式单一，数量不多，层次较低。咨询服务主要以面询的形式进行，其质量和效率经常受到咨询馆员和用户的学识水平、经验、情绪和时间等因素影响。

网络环境下的图书馆将是一种以电子计算机和通讯网络联系起来的图书馆的集合，从发展趋势看，在网络化信息交流环境中，每一个图书馆都将是地区、全国，乃至全世界信息网络中的一个节点。每一个加入网络的单位和个人都可以利用网络系统内任何一个图书馆的文献信息资源。对任何图书馆来说，其网络系统内任何一个使用本馆文献的人都是自己的用户。网络环境的形成，将使参考咨询用户的知识构成、能力、需求、教育等方面发生巨大的变化。

表 2-3　数字参考咨询与传统参考咨询用户比较

项目	数字参考咨询	传统参考咨询
用户类型	虚拟用户	现实读者
用户的知识结构	需要掌握一般的计算机及因特网操作技术，熟悉图书馆用户界面及网络参考源的检索技巧	对用户需求低，只需要掌握传统工具书的检索方法和检索策略
用户需求	多样化和社会化，需求内容涉及政治、经济、社会、科技、管理等各个方面	信息意识不强，咨询内容简单，形式单一，参差较低
用户教育	用户的教育和培训受到关注，并在整个咨询工作中处于举足轻重的地位	用户的教育和培训较少重视，在整个咨询工作中处于从属地位

在网络环境下，图书馆的服务对象已由一馆拓展到全球，服务对象的含义也因此发生了很大的变化，它通常被分为现实读者和虚拟用户。现实读者即指存在于现实社会中的读者，一般是指图书馆法定职责范围内注册的，或亲自到图书馆进行咨询的读者。而虚拟用户是指掌握了一定的计算机技术，并能通过互联网向图书馆提出

咨询问题或其他信息需求的所有网络用户。其内涵要比图书馆传统意义上的"读者"广得多，它突破传统的"法定读者"的地域、系统等范围的限制，不分年龄、职业、性别、国籍、种族等，只要能够利用网络享受图书馆信息服务的人都可称为虚拟用户。

传统参考咨询读者信息需求主要集中在教育与科技文献方面上，咨询内容比较单一，形式比较简单。而网络环境使得信息的概念渗透到社会的各个方面，使用户需求逐渐向着社会化、多样化、个性化的方向发展。因此，各类用户的信息需求以及用户教育与培训是网络环境下图书馆参考咨询比较关注的问题。

（1）用户信息需求的特点

用户信息需求内容涉及政治、经济、社会、科技、管理等各个方面。从各类用户的信息需求特点来看，虽然具有信息需求的用户是形形色色的，但影响信息需求产生和发展的外部因素，主要是人们所处的特定社会环境和社会活动领域。身处不同社会活动领域的人们承担的任务不同，关心的问题不同，其信息需求也就大不相同。根据目前社会的主要职业中信息需求最明显的典型用户群体类型来看，大致可分为科学研究人员、管理决策人员、工程技术人员、市场营销人员这四大类型。

一是科学研究人员信息需求。①当代科学研究的微分化和积分化发展趋势使科学家的信息需要具有高度的专门化特征，同时，科学之间相互渗透的综合化作用也使用户产生了对相关科学信息的需要。②所需要的信息类型主要是理论性较强的原始文献，偏爱图书、期刊、会议文献和研究报告等文献类型。另外，也希望获得有关文献线索，需要文摘、题录、索引等检索工具。③研究工作的连续性和积累性决定了他们需要从继承和创新的角度去系统掌握有关研究课题的完整信息，因而对信息服务的连续性和系统性要求较高。④由于科学研究是探索未知的活动，科学家的信息需要往往难以预见，且不易表达清楚。为此，科学家需要获得具有可近性和方便性的信息服务。

二是管理决策人员信息需求。①管理决策人员所需要的信息内容综合广泛，往往具有战略性、全局性和预测性的涉及决策对象内外各方面的信息。②对信息数量和质量有较高的要求，一般需要少而精、经过浓缩加工的信息，对信息的简明性、完整性、准确性和客观性要求都比较高。③为避免决策失误，保证决策的科学化和民主化，管理人员多依赖正规信息机构提供的信息服务，并且要求信息服务工作有较强的针对性和适时性，能够提出尽可能多的决策方案供选择。

三是工程技术人员信息需求。①所需要的信息往往是综合性的信息，在一定的学科和专业范围内，同时涉及许多相关学科和专业技术领域。②由于技术开发和生产实践一般都具有市场竞争的背景，因此，此类用户群体的信息需求不强调信息内容的连续性和积累性，但对于信息服务的时间性和经济性要求较高。③需要经过检验的成熟且具体的技术信息，强调信息内容的新颖性、可靠性和准确性。因此，专利文献、标准文献、产品样本、技术报告等成为其所需要的主要文献信息。

四是市场营销人员信息需求。①变幻莫测的市场环境和残酷激烈的市场竞争，要求市场营销人员不仅应随时掌握产品信息、价格信息、客户信息等与当前业务直接相关的表层信息，而且要了解对市场具有潜在影响的深层次市场信息，如关于市场环境、协作伙伴和竞争对手等尽可能全面的信息。②瞬息万变的市场环境，对信息服务的针对性、及时性、新颖性、准确性和可靠性均有很高的要求。③为了及时准确地捕捉激烈竞争所需求的信息，市场营销人员不仅要通过正规的信息服务和正式渠道获得信息，也要积极设法通过非正式渠道获取信息。

（2）用户教育与培训

由于传统参考咨询以馆藏文献为基础，不太重视用户的教育和培训，用户在整个咨询工作中处于从属地位。数字参考咨询用户的教育培训受到极大的关注，在网络环境下，许多用户随着信息的迅速增长已无法驾驭信息资源而求助于图书馆员。图书馆一方面在尽量做好网上用户咨询服务的同时，另一方面还要注重对用户在检索方法、计算机操作技能等方面的培训，培养用户自我服务的意识和能力。数字参考咨询的用户培训和教育，一般可分为三个层次：

①培训用户正确使用网络提出咨询问题。使用户充分理解本馆提供数字参考咨询的政策、程序和数字参考咨询的范围，明晰本馆所采用的各种数字参考咨询手段，训练用户准确地表达需求并理解解答内容。采取的方式可以是 FAQ、网络导航、Help 等。

②用户信息素养的提高教育。对于本馆提供的信息资源，教育用户掌握利用比较复杂的策略来获取相应信息，对于本馆无法提供的信息服务，应给予引导，提供一些建议性的线索，让用户尝试其他途径。

③对每一次咨询提供更深层的引导。参考馆员除了直接回答问题外，还可同时提供一些指示性的线索，培养用户自己解决类似问题的能力，可以建立相应的指引库、知识库，使参考服务更深入、更广泛。

从以上比较可以明显地看出，传统意义上的馆藏资源远远满足不了用户对信息需求的广度、深度要求，迫切需要让越来越多的信息需求者通过规范的用户教育培训，成为网络信息资源的利用者，在开放式、交互式的环境下实现信息资源的共享。

2.1.6　服务人员的异同

数字参考咨询是高度计算机化、自动化、数字化的信息咨询服务工作。网络信息资源数量多、种类杂，分析利用不易。数字参考咨询用户多，咨询服务要求广、及时，服务质量要求高。这一切都对咨询服务人员的素质提出了更高的要求，他们不再是局限于守摊待客的传统服务，而是起着"中介"和"知识导航员"的作用，指导用户自己完成咨询问题的解答或提供线索，而不是替用户包办。

表 2-4　数字参考咨询与传统参考咨询人员比较

项目	数字参考咨询	传统参考咨询
人员角色	网络导航员、信息管理员和信息服务员	咨询问题解答者和文献信息管理者
队伍构成	除了馆内的专职参考员外，还包括通过网络联接起来的社会中各个学科、各个专题领域的专家和专业人员	一般由图书馆设置的专职参考馆员承担
岗位设置	以满足用户需求为指针，按需设岗，针对不同的需求配备不同层次的咨询人员	以馆内工作人员为基础，按人设岗，不分职称和层次
知识水平	不仅具备一定的现代技术操作和外语水平，还要有信息综合能力、组织管理能力等	具备文献检索知识和图书馆知识，服务人员学历不高，专业单一，知识面窄

数字参考咨询与传统参考咨询的服务人员比较，一方面，从用户和咨询人员的关系来看，传统参考咨询与用户之间的关系是被

动的，服务形式局限于"你问我答"，服务质量距离用户的期望甚
远；网络参考人员必须积极主动地与用户进行全方位接触，他们不
仅要服务于当前用户，还要积极挖掘潜在用户。另一方面，面对信
息"爆炸式"增长及无序状态，不得不求助于咨询人员，参考咨询
对于用户来说，不再是可有可无的事情。网络时代，没有参考咨询，
用户信息需求就难以得到满足，没有用户持续不断的信息需求，参
考咨询就失去了前进的动力。所以在网络环境下二者的依存性更强，
关系更密切。

此外，对咨询服务人员的素质要求更高了，尤其是在计算机操
作能力、网络驾驭能力、英语水平、信息商品意识和信息服务意识
等方面。传统参考咨询对咨询服务人员的学历要求普遍不高，人员
专业单一，多凭丰富的经验进行日常工作。传统参考馆员从知识结
构上看，多偏重于基础文献和目录学知识，从年龄结构上看，多偏
于老年化。数字参考咨询对咨询服务人员提出了新的要求，具体表
现在：①信息能力较高。应有良好的信息意识（包括对信息特殊的、
敏锐的感受力，对信息持久的注意力，对信息科学的处理能力）；掌
握现代信息技术（能运用电子计算机技术参考服务自动化）；能运用
现代技术使文献信息数字化，能运用电脑多媒体技术使图、文、声、
像信息一体化，能运用现代通讯技术网络化、信息传递高速化。②
公关交往能力强。③科研能力强。能够发现参考服务进程中存在的
问题、运用参考服务成果的批判性；概括、升华参考服务实践经验
的及时性和有效性。④综合反应能力好。包括观察力、倾听力、记
忆力、想象力、思考力、判断力、表达力等。

2.2　数字参考咨询与传统参考咨询的关系

通过对数字参考咨询与传统参考咨询的比较，可以发现传统参考咨询与数字参考咨询之间存在着很大的差距，但二者又是并存的。为了改进图书馆参考咨询今后的工作，只有通过两者关系的比较分析，找出不足，取长补短，融合其结合点，才能使图书馆参考咨询工作得到正常有序的发展。

2.2.1　数字参考咨询与传统参考咨询的本质分析

就历史的进展而言，传统参考咨询是数字参考咨询的基础，数字参考咨询是传统参考咨询的继承和发展，二者体现了历史的延续性。如果没有传统参考咨询良好的读者服务基础，就不可能有数字参考咨询所需要的参考信息源和用户基础，如果没有与信息时代相适应的数字参考咨询服务，传统参考咨询服务也很难适应现代高速度、高知识含量、高信息浓度的用户需求。传统参考咨询和现代数字参考咨询二者虽然在内涵、信息源、服务手段、服务方式、服务内容、服务对象、服务人员等方面存在很大的差异，但本质是相同的，主要体现在以下几个方面：

（1）核心精神

无论是网络环境下的参考咨询，还是传统的参考咨询，二者的工作性质类似，即个性化、有针对性的信息服务；核心精神不变，即从每位用户的信息需求出发，千方百计提供适合读者个体所需的文献信息和以人为本的人文精神。

（2）服务性

为用户服务是参考咨询工作的核心，是参考咨询工作得以开展的内在动力，离开了服务，失去了用户，参考咨询工作也就失去了存在的意义。

（3）依附性

随着文献信息的急剧膨胀，知识更新周期缩短，使用户无法驾驭信息资源而求助于咨询人员。正是这种普遍的社会需求，使参考咨询工作得以发展，并由传统走向现代。

（4）智能性

参考咨询是一项高智能的信息服务工作，如果缺乏必要的知识、智力和能力，是无法胜任该项工作的。咨询人员运用自己的知识和能力充分挖掘图书馆内外的信息资源，达到为用户服务的目的。同时，用户通过从咨询人员那里获取所需要的各种信息，增长了见识，开阔了眼界，继而不断创造出新知识。

2.2.2　传统参考咨询服务是数字参考咨询服务的基础

网络环境给图书馆参考咨询工作带来了很多优势，如参考源的多重性、多样性、适时性和多变性及增值性，服务手段与方式的更新，服务对象扩大，服务层次提高，等等。虽然传统参考咨询无法与此相提并论，但在漫长的发展历程中，传统参考咨询曾在文献资源的开发与利用方面发挥过重要作用，从为一般读者解答疑难到深层次开发利用文献资源，从为决策服务到配合科研开发和其他具体技术服务，做过大量而卓有成效的工作，取得了良好的社会效益。因此，我们说，传统参考咨询服务工作在图书馆咨询服务现代化进程中起到了不可缺少的作用，是数字参考咨询服务的重要基础。具体表现在以下三个方面：

（1）传统参考咨询为数字参考咨询奠定了文献参考源基础

图书馆传统参考咨询服务在采集、开发、研究、组织、利用文献信息方面做了大量、扎实的基础工作，对原始文献中的重要资料进行开发、加工，编制了大量各种类型、各种专题的检索性资料，用来揭示文献内容，报道国内外科研动态成就。对于这些以不同形式和载体存储的非数字化信息，可利用多媒体信息技术进行转换，建成数据库，并通过馆域网、国内外联机存取系统向用户提供信息服务，实现信息传输网络化和资源共享。

（2）积累了丰富的参考咨询工作经验

在长期的传统参考咨询工作中，图书馆逐渐积累了多方面的参考咨询经验，接待过各种类型、各种层次的读者，解答过许多复杂、疑难的问题，为读者提供了卓有成效、各具特色的服务。就其积累的丰富经验来说，对数字参考咨询服务起到了一定的借鉴作用，是一笔无形的财富。

（3）培养了一批训练有素的咨询人员

许多高校都开设了图书馆学、情报学、信息管理学等学科专业，培养了一批专业人才。通过多年图书馆传统的参考咨询实践，培养、锻炼了参考人员素养，在咨询服务中起到了很好的作用。

2.2.3　数字参考咨询是传统参考咨询服务的继承和发展

数字参考咨询是图书馆工作的重要组成部分，从目前看来，在未来的一段时间里，数字参考咨询并不能完全取代传统参考咨询，它只能增加图书馆用户的咨询渠道，拓展图书馆的信息服务范围，弥补传统参考咨询服务的不足，从本质上来看，二者的服务目的是一致的，那就是帮助用户尽快有效地发现和利用各种类型的信息资源。

但在信息经济一体化发展的社会中，传统的参考咨询服务是远远不能满足用户全方位的信息需求的，其主要原因有以下几点：

（1）服务内容比较单一，主要是根据读者提出问题辅导读者自己查找资料或协助其查找，对读者利用图书馆进行指导。

（2）服务机构分散，总咨询台解答读者一般性提问，社科咨询室和科技咨询室负责各自学科文献咨询工作，整个参考咨询工作被分割成几个部分，人员分散、文献分散，各部门之间联系较少。

（3）服务直接而被动，在管理文献的基础上提供文献，在读者和图书馆之间充当着"邮递员"的角色。

（4）参考源主要是各种类型的工具书，不但占据馆藏的面积大，而且也不便于检索和提供信息，导致文献利用率低和传递速度慢。

（5）服务范围比较固定有限，难以满足大范围用户的需求。

（6）简单的文献提供活动，在解答用户咨询难题过程中，其所起到的作用是表面的，不能真正涉及用户咨询的实质领域。

数字参考咨询为传统的图书馆注入了新的活力，其信息传递功能、智力开发功能、决策参谋功能等在传统的手工作业条件下，是难以实现的。从数字参考咨询与传统参考咨询的比较分析中就可以看出，数字参考咨询从内涵、参考咨询源、服务手段、服务方式、服务内容、服务对象、服务人员等方面都远远超过了传统参考咨询，它是一种全新的、全方位的咨询服务模式，是图书馆传统参考咨询服务在社会信息化的大环境中的必然发展趋势。

第3章 数字参考咨询系统的实践概况

3.1 图书馆数字参考咨询系统

3.1.1 国内图书馆数字参考咨询系统

我国31个内地省级公共图书馆中，大都已经开展了网上参考咨询服务。其中，上海图书馆的网上参考咨询服务开始于2001年5月，在内地公共图书馆中属于起步较早的。从服务方式上看，多数图书馆采用表单咨询和电子邮件咨询两种方式，其中有些图书馆提供了实时咨询服务，有些馆开展了网上协作参考咨询服务模式，有些馆使用BBS留言板提供咨询服务。从咨询量上看，广东省立中山图书馆的网上咨询量最大，如至2008年底，总访问量达188万多人次。

（1）网上联合知识导航站

上海图书馆于2001年5月28日推出"网上联合知识导航站"，开创了国内合作化数字参考咨询服务的先河，成为国内影响最大的网上数字参考服务平台。导航站是在初步实现上海市文献资源共建共享基础之上，由上海图书馆牵头并联合上海地区公共、科研、高校等图书馆及其相关机构，率先在国内推出的一个提供高质量专业参考、知识导航的新型服务项目。它建立在上海地区图书馆及其相关机构的馆藏资源基础上，以因特网的丰富信息资源和各种信息搜寻技术为依托，以上海图书情报界的一批中青年资深参考馆员为网上知识导航员，实现上海各类图书馆网上参考咨询服务的优势互补，充分发挥图书馆在知识经济社会中为各行业服务的知识导航作用。其主要功能有：

①提问。图书馆在主页上设立 Web 咨询表单，读者按表单要求，表达咨询问题及相关要求，通过点击"提交"按钮将咨询问题发送给图书馆。咨询人员以电子邮件方式将答案返回读者，或将已解答问题列在 FAQ 中。上海图书馆的 Web 表格相对来说设计得比较全面，主要内容包括：主题、提问者姓名、所在省市、E-mail、用途和背景、现有资源、内容、选择快速解答或深入解答。

②专家咨询。最早由上海图书馆牵头，联合上海交通大学图书馆、复旦大学图书馆、华东师范大学图书馆、同济大学图书馆、上海社会科学院图书馆、中科院上海文献情报中心的 17 位长期从事情报与参考咨询服务工作的中青年参考馆员骨干担当"咨询专家"，形成分布式的数字参考专家网络。每位专家负责若干专题的咨询问题，用户在上海图书馆提供的统一界面下根据所提供的专家介绍，自行指定某一位专家，以 Webform 表单形式进行提问并回答问题。目前，已发展成包括社会科学专家 23 人、自然科学专家 32 人的咨询队伍，提供哲学、经济、语言、计算机与网络、图书情报工作、专利与标准等 28 个学科和领域的导航服务。导航站还分别与香港岭南大学图书馆、新加坡国家图书馆、澳门大学图书馆和澳门中央图书馆合作，提供有关香港、新加坡和澳门的有关信息为主的咨询服务，同时还聘请了来自美国的资深参考馆员参与导航工作。该项服务采用

E-form 和 E-mail 相结合的方式，用户在遇到问题时可直接给选定的咨询员填写 E-form，经系统转换后以 E-mail 转送给咨询专家，专家将用 E-mail 把答案发给用户。

③合作馆咨询。在网页上提供可选择的合作馆包括上海社会科学院、苏州图书馆、无锡图书馆、香港信息网上服务中心、澳门信息网上服务中心、新加坡信息网上服务中心和美国纽约皇后图书馆。当用户选定某个合作馆时，网页便转换到所选择合作单位的专家列表，最后仍然通过 E-form 或 E-mail 的方式提出咨询和得到解答。

④实时咨询。提供专家实时在线咨询服务，每天开放时间为上午 9:00—11:00，下午 2:00—4:00。在服务时间内会有不同的专家咨询员名字列出，点击姓名即可启动实时咨询功能。

⑤"一网两库"文献服务。点击后回到"自然科学咨询员"专家咨询页面。

⑥上海社科文献专家咨询和美国纽约皇后图书馆专家咨询。可进入上海社会科学文献咨询员及美国纽约皇后图书馆咨询员页面，选择不同专家进行咨询提问。

⑦FAQ。包括"图书馆利用一百问""分馆开放时间一览""办证中的常见问题"。导航站将大部分读者提问及解答分类列出，如："图书馆利用一百问"中按照基本知识、书目查询、文献检索、数据库使用、借阅规则、其他服务和附录等类别将常用问题及解答列出，方便读者检索利用。

⑧知识库检索。在用户与专家之间进行提问与回答的同时，上海图书馆中心数据库也能收到提问与回答信息，并进行提问 / 回答的监控管理，导航站管理中心同时提供已有问答的数据库供用户参考。用户也可通过提供的回答 / 查找窗口，从咨询员或内容途径来检索已

有回答的提问。

⑨知识库浏览。即所有回答浏览。导航站将回复记录形成知识库栏目，它将所有记录按照《中图法》类目分成了"马恩列斯毛""哲学宗教""社会科学总论""政治法律"等22个大类，另设"专利标准科技报告""图书馆一般业务"两个类目。用户在查询问题之前，依据自己问题的学科专业方向，选择相应类目点击进入，就可以查询先前读者的问题和答复。如其中有类似问题，用户可直接获得答案，节约咨询时间。

此外，网上联合知识导航站还具有以下特色：

①Web页面设计。与旧版相比，导航站新版平台最大的特点在于简明清晰。用户登录和访问直接就可看到表单提问，突出体现了咨询网站的服务特点。服务功能、使用帮助及链接等分栏目设置在页面不同区域位置，使用查找比较方便。

②导航站简介。是对上海市中心图书馆网上联合知识导航站的历史沿革、网站性质、服务方式及特点等提供的一个简要说明，方便用户了解和利用。

③服务公约。导航站公约："我们努力为您提供事实性问题的简短回答以及专业研究的各种线索和导航；我们努力在收到问询后1—2个工作日内回答您的问题；我们承诺严格保护提问者的隐私权……"。这种说明方便用户了解咨询网站的性质和服务，提高了网络参考咨询的质量。

④用户须知。规定"本站不提供法律、医学、文物鉴定或财经投资等方面的指导，也不提供计划、方案、评论、作业等方面的辅导，但我们可以提供相关主题的线索和导航；本站不提供扫描、复印、邮寄等各种原始文献传递服务；本站不是网上任何形式的电子

公告板（BBS），不提供讨论和聊天的空间……"。同样是帮助用户了解导航站咨询的性质和服务内容。

⑤使用帮助。是一些使用导航站服务的几个常见问题及回复，包括导航站的服务对象、服务性质、实时咨询方式及服务时间承诺等简要说明。

⑥链接。主页上设有如下链接：上海图书馆主页、电子资源导航、电脑查询资料、上海图书馆文献提供中心、留学指南、工具书指南、IFLA 数字参考咨询、上海情报服务平台、上海社会科学院、南京图书馆网上联合导航站、美国纽约皇后区公共图书馆等。

⑦在线调查。对"服务态度""响应速度""回答满意度""网站易用性"等方面做调查，分别给出 1—3 星的等级供用户填写。

⑧响应时间。一般是针对电子邮件作参考咨询而言，通常情况下，响应时间由图书馆的人员、资金、技术等因素决定。导航站承诺为用户提供事实性问题的简短回答以及专业研究的各种线索和导航，在收到问询后 1—2 天内答复问题。

（2）联合参考咨询与文献传递网

联合参考咨询与文献传递网（数字图书馆参考咨询服务中心）是由广东省立中山图书馆、超星数字图书馆、广西壮族自治区图书馆、广西壮族自治区桂林图书馆、江西省图书馆、福建省图书馆、厦门图书馆、长春图书馆、汕头图书馆、湛江图书馆、东莞图书馆、加拿大不列颠哥伦比亚大学图书馆、肇庆端州图书馆、顺德图书馆、江门图书馆、暨南大学图书馆、新会景堂图书馆、海口图书馆、哈密地区图书馆、佛山图书馆、广州图书馆、长春图书馆等 20 多个图书情报单位合作建立的公益性服务机构，其宗旨是以数字图书馆馆藏资源为基础，以因特网的丰富信息资源和各种信息搜寻技术为依托，为社会提供网上参考咨询和文献远程传递服务。

联合参考咨询与文献传递网（数字图书馆参考咨询服务中心）拥有丰富的数字化资源，自2000年以来，广东省立中山图书馆开始实施广东省数字图书馆（一期工程），以数字化资源建设为核心，集成和整合中国数字图书馆、超星数字图书馆、书生之家数字图书馆、清华大学学术期刊、重庆维普全文期刊、万方数字化资源系统等数字化资源，建立了拥有超星电子图书90万种，书生之家电子图书12万种，期刊论文1500万篇，博硕士论文23万篇，学术会议论文17万篇，外文期刊论文500万篇，专利说明书86万件，各种类型的数据库30多个的大规模数字化资源库，建立了拥有230万条元数据的数字图书馆搜索引擎，实现了数字图书馆的资源制作、元数据标引、信息发布和资源管理、远程检索、获取原文、版权控制等一系列功能。此外，还整合了成员馆的特色数据库，如广西桂林图书馆的桂林地方资源图文数据库、广西科学技术研究成果数据库，湛江图书馆的亚热带海洋经济全文数据库，汕头市图书馆的潮汕海内外名人数据库、潮汕美食多媒体数据库等。

该数字参考咨询的最大特点是与数字图书馆的紧密结合，采用BBS技术、电子邮件技术、超文本链接技术、远程浏览和下载等技术，为全球用户提供"一站式"参考咨询和文献远程传递服务，使用户在网上免费获得答案的同时，可以得到原文提供服务，具有使用方便、响应速度快，更具开放性、实用性、公益性等特点。

该数字参考咨询平台开通了两个入口，分别是"网上参考咨询服务中心"和"联合参考咨询网"。前者是咨询馆员入口，是咨询馆员交流天地；后者是用户入口，是用户提问和获取信息的站点。

从其系统功能而看，"网上参考咨询服务中心"设置了咨询员通信录、咨询登录、在线解答咨询、处理反馈意见、实时交流平台、常用信息源、常用语库、咨询档案检索、馆员交流园地、质量控制（以咨询质量标准为依据，由高级咨询馆员对回复的咨询贴子，从理解力、查准率、查全率、服务态度四项指标，分好、中、差三个等级进行评价，最后对抽查的咨询贴子给出优秀、合格或不合格的综合评定）、导航排行榜（包括图书馆排行、广东省立中山图书馆专家排行、回复总数排行、今日专家排行四个排行榜，分别提供网上参考咨询服务中心各合作馆的咨询统计数据、咨询量居前的咨询馆员的咨询统计数据和当日咨询馆员咨询统计数据）、修改密码、提供文献统计、系统管理等。

"联合参考咨询网"包括"合作图书馆""参考咨询排行榜""馆际互借排行榜""文献提供统计""典型咨询案例""优秀资源列表""专家咨询平台"等，此外专门针对用户查询的"我的通行证"（修改个人资料、修改密码、历史访问记录、我的访问统计、在线读者）、"网上咨询"（咨询馆员介绍、常见问题与解答、咨询结果查询、知识库咨询检索）、"数字资源"（共享资源检索、馆内资源检索、我的资源、我的收藏）、"交流中心"（读者留言、读者投诉、即时信息、问卷调查）等功能模块。此外，"联合参考咨询网"开通了手机短信服务，称作"移动咨询"，通过手机进行咨询问答。

（3）分布式协作虚拟咨询平台

分布式协作虚拟咨询平台（Cooperative Virtual Reference Service，CVRS）是中国高等教育文献保障系统（CALIS）二期建设中的重点内容，旨在构建一个中国高等教育分布式联合数字参考咨询平台，建立由多馆参加的、具有实际服务能力的、可持续发展的分布式联合数字参考咨询服务体系，以本地化运作为主，结合分布式、合作式的运作，实现知识库、学习中心共享共建的目的。

CVRS 以本地服务与分布式联合服务相结合，建立可持续发展的、多馆协作咨询的规则和模式；建立相关的知识库、学习中心。运行初期的数字参考咨询系统的中心知识库有 52 万条以上经过组织整理的问答记录。

CVRS 由中心级咨询系统和本地级咨询系统两级架构组成，中心咨询系统由总虚拟咨询台与中心调度系统、中心知识库、学习中心等模块组成。本地级咨询系统由成员馆本地虚拟咨询台、各馆本地知识库组成。这种架构方式既能充分发挥各个成员馆独特的咨询服务作用，也能通过中心调度系统实现各成员馆的咨询任务分派与调度。

CVRS 主要功能为：

①总虚拟咨询台和中心调度系统。中心咨询系统安装在中心服务器上，在中心咨询系统上开设总咨询台，由中心聘请咨询专家或由各成员馆轮流值班以处理用户的实时和非实时提问，中心调度系统除负责自动派发用户提问外，还可根据时间调度实时咨询台。中心咨询系统还提供租用席位为没有条件设置本地咨询系统的单位开设本地咨询台。

②成员馆本地虚拟咨询系统。本地咨询系统安装在各成员馆本地服务器上，用于各成员馆提供本地虚拟咨询服务。该系统是一个具有后台数据库支持的、基于本地运作的虚拟咨询台网上参考咨询系统，它既有实时的同步咨询模式，也有非实时的异步咨询模式，能使咨询员通过网络在第一时间实时地解答用户的疑问。其实时咨询模式的主要功能有：采用 Chat 技术的实时文字解答功能，可实现咨询员和用户之间通过输入文字进行交流的目的；采用 Webpage

Push 方式在咨询中将页面推送给用户；采用 Collaborative Browse 技术实现同步浏览，并提供抄本传送功能。

③学习中心。学习中心除了有中心知识库外，提供一个供用户学习的 E-Learning 平台，发布数字图书馆、电子资源的使用指南等学习课件，用户可根据专业定制内容在网上参加学习。在知识库中存放一些经过咨询员编辑整理后的有价值的问答，用户可随时检索这些问答系统以解决自己的疑问。知识库内容包括常见问题，即关于 CVRS（成员馆、联合咨询模式等）、资源和利用（各种资源查找等）、图书馆的服务、网络链接及计算机使用常见问题、科研导航（分类代码、课题查新、论文写作、投稿指南）、版权问题常识及常用术语等。在学科咨询方面包括各学科标准、规范介绍、各学科电子资源、各学科网上导航、各学科核心期刊、各学科专用分类、学科排名（世界、中国）等。

CVRS 本地系统版已通过了上海交通大学 CVRS 项目组的最终测试，并开始在成员馆中部署安装。根据 CVRS 的规划，将部署一个中心系统和若干个本地系统，中心系统将安装在上海交通大学，本地系统将首批安装在 CVRS 管理组成员馆及 CALIS 全国中心和地区中心馆。CALIS 管理中心提倡各省中心馆安装本地系统，并加入 CALIS 联合咨询网。

（4）国家科技图书文献中心（NSTL）网上专家咨询系统

国家科技图书文献中心（以下简称"文献中心"）是经国务院批复，于 2000 年 6 月 12 日成立的一个虚拟的科技文献服务机构，由理、工、农、医四个领域的七个单位组成。文献中心按照"统一采购、规范加工、联合上网、资源共享"的原则，充分发挥各成员单位的人才、资源优势，借助开发的网络服务系统面向全国开展科技文献服务。

国家科技文献资源网络服务系统（以下简称"中心网络服务系统"）是由文献中心组织建设和实施的集信息加工、检索和服务于一体的网络服务系统，分两期进行建设。第二期于 2002 年 12 月 25 日开发完成并投入使用后，整个系统包括文献检索与原文提供、期刊分类目次、专家咨询服务、联机公共目录、文献题录数据库、网络版全文数据库、专题信息服务和网络信息导航等八个子系统。

网上专家咨询系统作为中心网络服务系统的重要组成部分，是实现用户与文献中心各成员单位的情报专家进行网上沟通的桥梁，是扩充中心网络服务系统功能的关键系统，以期充分发挥中心各成员单位情报专家的作用，为用户提供更深层的信息服务，提高中心网络服务系统的服务效能。

①系统架构。

本系统主要由知识库、问答库、问题库和提问库以及相应的程序、支撑网络和软件构成，其中，知识库用来存放有重复利用价值的咨询问答信息。

在系统中，读者首先检索本系统的知识库，如果仍不能解决自己的问题，可以通过提问界面把问题提交到提问库。过滤员将读者提交的问题进行筛选、整理以后，存放到问题库，并交由专家回答。专家的回答，以 E-mail 的方式返回给用户，并连同提问信息一并存入问答库备查。对于有重复利用价值的问答，专家可以将其放入知识库以供检索和阅读。

整个系统采用 B/S（浏览器 / 服务器）架构，各种用户都可以通过浏览器完成自己的功能。系统基于 TRIP 全文检索数据库系统，运行在 Solaris 平台上，用 C 语言开发。

②用户角色及管理框架。

系统运行中，共有以下六种角色（用户类型）：读者、提问过滤员、专家、系统管理员、专家组长、过滤组长。后五种是责任人员。所有者文献中心委托网络中心进行系统管理和技术支撑，组长和组员之间在业务上存在领导关系。

③系统的功能。

该系统向用户提供"问题查询""读者提问""专家列表""常见问题""使用帮助"等五项功能。

整个系统包括"读者服务""问题过滤""问题回复""过滤人员管理""专家管理""组长及系统管理"等模块，分别供读者、过滤员、专家、过滤组长、专家组长、系统管理员使用；同时还包括"统计员""检查员""邮差""小闹钟"等系统自动运行模块，用以保证系统的正常运行。

④系统的特点。

A.半开放。与网上公开论坛或 BBS 系统相比，该系统是一个半开放的系统。用户提交请求后，出于安全的考虑，其请求内容并不能为其他用户所看到。从系统架构图中也可看到，提问经过过滤，并在专家回答完毕并放入知识库后，才能被检索和阅读。这样做可以最大限度减少对专家宝贵时间的占用，同时也可满足系统高并发请求的性能要求和国家法规的要求。

B.自动提醒。该系统的参考咨询专家不是专职的，平时工作都很繁忙，要求他们频繁地检查有无用户提问，会浪费他们的宝贵时间。因此，系统会在每天早晨，自动检查有无提问，并给有提问请求的专家发电子邮件进行提醒。另外，专家在休假或假期到期时，系统都会向专家和组长发出提醒信件。

C.问题转交。虽然系统要求提问者在提问时根据提问内容和专家专长选择咨询的专家，但系统实际运行中仍有许多的咨询超出了指定专家的专长领域。之所以出现这种现象，估计一方面是用户疏于阅读专家的介绍信息，另一方面可能是用户自己也搞不清问题属于哪一领域。由此，系统提供了问题转交的功能。如果所咨询内容自己并不擅长，专家可以把它转交给相关专家，或转交给组长，再由组长进行回答或作相应的转发。过滤员也可以把与文献中心服务或系统建设相关的问题，转交给服务人员或网管人员。

⑤系统运行情况。

系统投入运行后，文献中心聘请了23名来自理、工、农、医四个领域信息专家，并安排了专职的过滤人员。随着专家们辛勤劳动的付出，网站的知名度日渐提升，至2003年3月底，日均有效问答数以5%左右的速度增加。

文献中心对咨询流程中的专家的身份定位为信息专家，根据用户提问内容，专家们应引导或指导用户进行文献资源的检索和获取，而不是以某一领域（非信息和情报领域）专家的身份来回答提问。这样，就不用担心回答了"学生作业及考试问题"了。

（5）国科图网络咨询服务系统

自2006年3月18日中国科学院国家科学图书馆（以下简称"国科图"）组建以来，组建了由42个专职学科馆员创新岗位所组成的学科咨询服务部，外聘了大批具有自然科学或高技术背景的学科馆员，重组和更新了咨询人员和知识结构，全面开展了读者流程驱动、嵌入式、情景敏感型的9—9网上实时咨询服务。目前整个网上咨询服务正以较高的认知度、使用率和满意度为广大科研用户、科教人员和研究型人才所认可和利用，尝试和探索了更贴近用户需求的更具知识化、个性化以及学科信息的咨询网络参考咨询服务模式及系统技术、管理机制等。

①9—9 网上实时咨询。

在保持每天 4 小时面向全社会提供的实时咨询服务的基础上，自 2006 年 10 月 30 日起，国科图在国内外率先创新性地开展了 9—9 网上实时咨询服务，每天为读者提供 12 小时的在线即问即答服务。

国科图网络咨询服务系统（http://dref.csdl.ac.cn/digiref）从科研、教学常常在 8 小时以外的时间进行的这一特点出发，编排了不间断的网上跟踪咨询服务，全程由多名咨询人员分不同班次轮流值守在网上咨询台上，12 小时无间断地提供读者急于了解、即刻获取的文献信息、数值数据、事实知识等方面的问题解答。

系统采用 IP 自动识别技术和系统内置时钟设置，根据读者登录的身份地址及提问时间，或将提问用户直接送入实时提问窗口，或转入表单提问页面。在线咨询馆员以高度的责任心和全面的专门知识，快速、高质量地响应和解答读者的各类咨询问题。

为了使读者简便快捷地理解和获取解答路径，国科图实时咨询系统中专门设计和采用了"页面共览"技术，咨询馆员在线解答提问时可与用户共同浏览所关心的资源与服务系统，为读者同步演示检索过程，推送查询页面。科研人员如急需相关的资料信息，咨询人员还可通过"附件"在线传送原件。当遇到复杂、专深问题时，在征得读者同意下可在线转入延时解答。如果在线学科馆员正在回答其他读者的问题，或者提问时间不在服务时间内，系统自动将用户带入表单提问和邮件提问信箱。同时，用户可以根据学科领域、咨询馆员所在地区或机构来选择"我的咨询馆员"提出问题。

国科图网络咨询服务系统已稳定地建立起 12/7 的网上咨询服务

机制，通过网络向用户提供每周7天，每天12小时（目前周六、周日每天6小时）的实时咨询和两个工作日内予以完整解答的网络表单咨询服务。

②用户流程驱动咨询服务。

浩瀚的信息和烦琐的信息检索、资料查找、信息搜寻给读者带来了诸多烦恼和不便，网络咨询不能再"雪上加霜"平添更多的麻烦，而应更多地提供"雪中送炭"式的快捷的解答问题服务。国科图网络咨询服务深入用户使用过程分析读者的问题关键点，特别是采用嵌入技术，将咨询服务直接接入用户的检索、查询、访问、浏览过程中，插入每个需要帮助的关键环节中，将咨询服务进一步融入国科图网络咨询服务的各项服务过程中。用户无论在何地，无论在查找文献、数据库检索、服务寻访等过程中遇到何种问题、麻烦或障碍，国科图的咨询服务都随时"默默"地值守在他们身边，用户随时提问，即刻可得到温馨的接待、到位的解答或适时的指引。

国科图网络咨询系统结合读者的检索和查询过程，采用嵌入技术将咨询服务接入用户咨询的全程中。在国科图信息服务网站上查文献、找馆藏、检索数据库、搜索网络资源或查找特色文献过程的每一步以及检索的每一个过程中都嵌入了咨询提问入口，同时，在文献借阅、全文传递申请、读者信息查询、图书馆馆藏分布等读者关注的服务项目中都嵌接了咨询窗口。考虑到读者直接提问的需要，图科图在主页面较显著位置设置了咨询链接。

用户登录国科图网站后，在找书、找文章、浏览目次、检索电子文献、使用跨库检索、联合目录等过程中遇到问题或障碍时，都可以看到在每条检索结果的下方设置的"问图书馆员"键，点击后即刻被引入实时咨询或表单咨询。当读者在请求全文或查询图书馆各项服务及其相关政策感到疑惑时，都会发现在当前页面有提问处。另外，读者在安装或使用科技新闻聚合系统、e划通、随意通等工具软件，乃至登录和使用国科图网站时遇到困难或发现问题时，都可以通过"用户反馈"或"问图书馆员"，将问题提交到咨询馆员那里。

③情景敏感式咨询服务。

国科图网络咨询服务利用先进的情景敏感和静态图片技术，将综合的网络咨询服务与个性化的信息咨询密切结合，通过现场本地读者的IP判断与识别和情景敏感图片，把综合咨询人员或专门咨询人员有区别地、形象地推荐给当前提问用户，读者不仅可熟悉和了解专门为本所配置的学科馆员，还可根据需要直接进入询问或与本学科馆员进行联系，进一步将虚拟咨询服务与学科化信息服务相结合，深化和发展了学科信息咨询服务的内涵和方式。

在国科图网络咨询服务新系统中采用了情景敏感技术，在各个信息检索和服务查询环节中接入了对口的咨询服务机构或咨询人员。通过提问用户身份的识别和IP判断，系统会自动弹出对应的咨询服务机构或咨询人员的"数字名片"，"数字名片"将进一步引导读者进入实时提问或延时表单咨询或电子邮件咨询，乃至直接向对口的学科馆员咨询提问。

当科研、管理或教职员工，研究生或社会公众在科研院所、高等院校和科技管理部门或所在网站访问国科图网站时，系统会通过读者的IP进行身份认证识别，如是社会用户，映入他们眼帘的是综合咨询服务入口，接收和解答他们提问的是全体学科咨询馆员及相关的信息服务人员；如是研究所的用户，系统会马上弹出该专业领域的学科咨询人员的照片、咨询范围以及联系方式。如果在9—9的时间段内，还会将读者首先自动引入实时咨询，保证用户在第一时间获得对问题的快速解答；如果在 9—9 时间段以外，则引到表单延时咨询。

用户在文献查询、数据库检索、读者服务过程中随时可以激活"问咨询馆员"，系统即刻将咨询问题自动转入咨询服务系统，由咨询馆员在线即刻解答或随后在最短的时间内作出解答。

实时咨询系统随时显示和反映用户的身份地址，咨询人员在解答过程中随时都能掌握和了解用户的状态，针对性地解答读者的问题，还可根据需要进行补充解答或跟踪咨询服务。

④分布式咨询服务与管理。

根据科技创新的知识化服务需求，国科图网络参考咨询服务专门组织了一支具有学科背景、专业技术特长的学科馆员以及具备专深的图书情报知识的图书馆员全方位、高质量地提供网上参考咨询服务。目前，国科图网络参考咨询服务由分布在北京、上海、兰州、武汉、成都、长春等 12 个地区、37 个合作咨询机构、19 个咨询门类的 90 多名（学科信息）参考咨询馆员提供了分布式协同咨询服务。

在国科图网上咨询系统中，所有的咨询馆员按"机构"、"专业"和"地理"统列其中。用户登录咨询台后，可按问题的专业领域或所在地区或提供服务的单位，在"问咨询馆员"项中选择相应的、专指的或所信任的咨询馆员提问。延时表单咨询服务由咨询系统总控组织问题的接收、分发和发送答案，各级分馆咨询人员接到问题后，按要求及时解答读者的提问。

⑤规范管理与质量控制。

为了始终能够为用户提供优质的网络咨询服务，实现 9—9 持续网上咨询服务，国科图网络咨询服务大力加强了 9—9 实时咨询服务组织、服务规范管理、质量控制和服务统计评价。

A.网络咨询服务组织与管理机制。

9—9 实时咨询服务有序的组织与安排，将有效和持续地保证12/7 网上咨询服务的提供和开展。国科图组织了总分馆和研究所图书馆各学科 50 余名学科馆员和相关信息服务人员，按工作日 6 班次、每班 2 个小时，周末 2 个班次、每班 3 个小时进行固定日期、班次和时间排班。按机构设立值班主管和系统总管，主要负责各分馆（研究所馆）和整个系统的值班检查、班次调度和实时咨询知识库数据规范处理和发布。实时咨询系统建有自动值班管理和统计系统。通过值班管理系统每月建立值班表，发送值班通知，如咨询人员未上岗，系统会及时通知系统管理员。实时咨询值班统计系统可对任意时段、每位咨询人员进行值班次数统计、缺勤统计、迟到早退时间统计。

延时表单咨询建立系统总管理员和分站点系统管理员，分别负责各站点本地问题接受、分配、转发和本地知识库数据规范处理和FAQ 发布。

B.服务规范管理。

国科图网络咨询服务建立和健全了咨询服务管理制度，主要包括"咨询人员工作条例""咨询服务规范"。工作条例确定了承担网络咨询的人员素质要求、遵守咨询时间、班次等规定。服务规范规定了解答时间、用语、方式、范围等。所有的咨询人员都得经过专门培训后才能上线提供咨询服务。

系统内部还建立了不定期的经验交流通讯，有咨询馆员经常交流咨询成功经验或发布咨询中存在的问题或一些注意事项与提示以及系统操作小贴士。

C.服务质量控制及其评价。

国科图网络咨询服务分别在技术系统以及控制手段上采取了多种控制方法和措施。同时，采用读者评价以及统计发布等方式来进一步强化咨询人员的质量观念，促进质量提高。

一是质量控制技术及其措施。在用户服务层面提供答复时选择，系统后台设置回答控制等功能；在工作层面系统设置了提问时显示灯、过时抓回等功能。

读者可以根据需要自定答复时间，咨询系统则按时转到分配和答复环节，到期前一天系统给出警示黄灯，到期当天系统则亮出红灯表明问题已到期从而提醒咨询人员即刻解答，逾期未答则被系统抓回放入公共解答区公开征求答案，最终由系统管理员来最后处理问题。

如读者没有提前要求答复，提问则按系统默认的两天期限如期分配、解答，问题也就一路绿灯直至答案送到读者手中。

二是读者评价及其结果发布。系统在实时咨询解答后，读者退出系统前为读者设置了两个比较人性化的服务项目：一是询问读者是否要将答案发送到个人信箱；二是询问读者对这次咨询服务的评价。评价内容主要有：对解答和对咨询人员的服务态度、速度进行满意、一般和不满意三个等级的评价。

国科图网络参考咨询服务系统定期收集和统计读者的评价结果并进行统计分析，定期在系统内部公布评价统计结果和分析结论。

随着用户需求的不断提升，随着资源数字化、服务网络化的日益发展，网上数字参考咨询将不断融入新的功能、新的技术、新的服务。国科图网络参考咨询服务的目标，是充分利用各种最新的技术，使用户能享用最好的图书馆、最好的参考馆员、最好的咨询服务，使更多的用户获得更高水平的咨询服务，使参考咨询服务成为用户查询信息、获取知识最方便、最快捷、最有效的手段。

（6）台湾地区图书馆在线参考咨询网络合作系统

该系统是台湾新竹交通大学图书馆自 2002 年起开发的用于整个台湾地区的在线参考咨询网络合作系统。主要采用 QuestionPoint 的理念，实现下列功能：一是用户在线输入问题内容、用途、服务类型、数据类型、回复时限等问题的基本数据，由参考馆员负责答复。用户的问题与馆员的解答共同储存于知识库中，以便馆员得以整理为常问问题（FAQ）后供用户浏览及查询；本馆馆员无法回答的问题，系统会自动转发给其他的图书馆。二是供两种不同的知识库：本地（Local）知识库主要储存各馆个别的参考问题，全域（Global）知识库则储存一般知识性的参考问题。在 CDRS 系统中，用户的问题类型分为本馆相关问题和一般参考问题两种。其中本馆相关问题由各馆自行回答，无法转发。而一般参考问题如果成员馆无法回答时，可以转发给其它图书馆回答。据统计，2002 年度，该系统回复电子邮件 469 件，表单咨询 915 件；2003 年度，电子邮件 504 件，表单咨询 1258 件；2004 年度，电子邮件 423 件，表单咨询 946 件；2005 年度，电子邮件 380 件，表单咨询 652 件。

该服务还声明：答案以指引性为主，不提供最终答案；不提供文章原件；不接收学生作业、考试、有奖征答、猜谜；不提供法律诉讼与医疗咨询；不提供古董、美术品鉴定；不提供书信或文件翻译；不回答人生及个人问题等。

3.1.2　国外图书馆数字参考咨询系统

（1）Question Point

Question Point（QP）是总部设在美国俄亥俄州的联机计算机图

书馆中心（OCLC）与美国国会图书馆共同牵头的一个协作数字参
考咨询服务项目。分布式数字参考咨询服务（CDRS）是其前身，于
2000 年 3 月开始经过一连串的实验测试，2002 年 3 月 CDRS 1.0 Beta
版正式运行，2002 年 6 月 1.0 版正式运行并更名为 QuestionPoint。
其主要目的是通过成员馆资源上的相互补充来为更广泛的用户提供
更好的服务。QP 的服务由两大部分组成：Global Network 全球网络
服务和 Regional/Local 本地网络服务。QP 各个成员馆将自己无法回
答的问题提交到 Global Network 中，由 Request Manager（请求管理
器）根据最优匹配的原则，从 Member Profiles（成员档案）中选出
最适合回答该问题的成员馆，将问题转发过去由该馆来回答。问题
得到回答之后，经过编辑，存储在知识库（Knowledge Base）中。
Global Network 是一个 "Library to Library"（图书馆对图书馆）的结
构，并不面向最终用户。地区性的图书馆、信息机构联合会可以通
过单个图书馆，也可以通过 QP 的本地网络服务向用户提供数字参考
咨询服务。QP 的服务是集中在 OCLC 的服务器上运行的，因此，成
员馆不需要安装用户端的软件，只需要用户名、密码以及链接因特
网的能力。QP 已拥有全世界超过 20 个国家的 1000 多个参与者，在
其知识库中存储了 7000 多组可供检索的问题与答案。

　　参与到 QP 服务系统中的图书馆，可以利用本馆资源回复用户
的提问，也可以通过网络从系统的知识库寻求答案，或将问题提交
给系统，由系统分派给最具回答该问题优势的图书馆来回答。对用
户提出的问题，可采用 E-mail、网络、聊天和页面共享形式回复，
所有问答档案和结果将自动存入系统的知识库中。

　　①成员档案数据库（Member Profile Database）。

　　记录成员馆数据，包括图书馆基本数据、馆员专长、服务时间、

馆藏主题（根据美国国会标题表）及层级（共分五种等级：无或少量信息，基本信息，教学支持级，研究级，广泛深入级）。

②知识库（Knowledge Base）管理。

将已被询问过的问题与答案经过编辑后储存在知识库中，以便浏览和检索。分为三个层级的知识库，全球、区域和本地知识库。知识库的管理主要包括检查排版、拼写、标点错误，规范专有名词及大小写的格式；检查答案是否有偏见或不客观；删除用户个人信息及图书馆信息；答案中如果包含须授权使用的数据库内容，不可直接复制；网址格式的标准化；检查链接是否为活链；著录引用资料来源；检查答案的时效性；增加主题标目、地理位置以及关键词等。

③请求管理器（Request Manager，RM）。

管理问题的接收与配送，以及答案的传递。

用户通过图书馆网页填写问题表单，系统对比用户问题和知识库的历史问题，发送对比的结果；如果系统对比失败或是用户不满意，则转交 RM 处理；RM 会根据用户问题领域及成员档案库，挑选出能够回答该问题的合作馆，并将问题转发给该馆；馆员收到问题后，通过各种途径搜集资料，以回答用户问题；咨询馆员回答问题后，答案发送给用户；部分有价值的问题及答案会经过编辑后存入知识库。

④问题配送流程。

RM 根据成员数据决定由哪一个图书馆回答问题：第一步是排除不适合的图书馆，即，从愿意参与回答的图书馆中排除不符合提出问题者教育程度的图书馆，排除该星期问题量已达饱和的图书馆，对照馆藏主题，排除不符合的图书馆。第二步选出最适合的图书馆，具体选择办法是主题（占 40%）、地理位置（占 10%，主要以时区

判断）、各馆问题负载量的平衡（占 20%）、可提供服务的时间（占
20%）、专长（占 10%）。

2004 年，OCLC 与 MCLS（Metropolitan Cooperative Library System）
达成了合并 RP 与 24/7 参考咨询系统，创造一个具备两个服务系统
优点的更强大的数字参考工具的协议。协议于 2004 年 8 月 10 日签
署，OCLC 将拥有 24/7 参考咨询服务系统的所有资产。

在协议生效后，两个系统目前的成员馆仍将按照之前合同条款
所规定的享受参考服务。而合并后的服务将建立在保持过去每个系
统的特色和优点之上，如 RP 的参考服务管理和全球性的参考咨询网
络，24/7 参考系统的协作式服务。两个系统的合并将使成员馆利用
更多的合作力量保证为用户提供一周 7 天、每天 24 小时的服务成为
可能。

（2）24/7 数字参考咨询系统

24/7 最初是由美国联邦图书馆服务与技术法案（Library Services
and Technology Act，LSTA）资金资助的大都市合作图书馆系统的一
个项目，由加州州立图书馆管理，目的是提供一周 7 天，每天 24 小
时实时在线参考咨询帮助。2004 年 8 月该服务与 OCLC 的 QP 进行
了强强联合，归入 OCLC 旗下。

24/7 咨询系统其实是一个软件工具，是由美国南加州城市合作
图书馆系统（MCLS）联盟开发的应用非常广泛的图书馆数字参考咨
询软件，在美国及其他国家使用该软件的图书馆已有 500 家之多。
每个图书馆可根据自己的不同特色个性化 / 本地化该软件，以便更好
地为自己的用户提供服务。

主要功能包括：使用实时聊天与用户进行交流；通过共同浏览，
指导用户使用最佳网络资源；可向用户发送文档、图片、幻灯片等

格式的文件；可使用个性化的、编辑过的脚本，如聊天信息、网页等，以便提高效率；可按照主题、语言、分类或者任何满足需求的方式组织脚本；可召开近 20 人的网络会议，并可共享网页；可个性化软件并与本图书馆的网页相整合；可通过网络将疑难问题传递给远程专家；用户可检索报告、历史记录等，并可在广泛的范围内使用各类数据。

此外，还具有个性化的功能。不同的图书馆可根据自己的特点，个性化、本地化该软件，使它更适合本馆的特色。这些服务包括艺术字、按钮、语言、认证和站点管理等。其最新的一个项目是建立专家网络，根据经常被问到的问题以及较为流行的主题建立专题目录。现主要分为商业、健康、地方史 / 家谱、教育、艺术等类别。

（3）VRD 数字参考咨询台（Virtual Reference Desk）

VRD（数字参考咨询台）是一项由美国教育部发起，致力于推进数字参考咨询，并成功创建和实施的基于以人和因特网为媒介基础的信息服务项目。它将数字参考咨询定义为是基于因特网的问答服务，通过因特网把用户与学科专家联系起来，帮助用户解答问题。它主要服务于 K-12 项目，即美国教育部制定的针对在校 1—12 年级中小学生及其教师、家长和学校管理者的一项教育服务项目。在自己提供参考咨询服务的同时，还将所有涉及 1—12 年级的参考咨询服务进行链接归类，按学科进行了分类。但它起到的不仅是链接指引的作用，而是整合了大量的不同性质的资源、服务机构（包括公共图书馆、专业图书馆、学校图书馆、政府信息服务中心、参考咨询研究机构、商业性信息机构、联合参考咨询机构等），共同协作完成参考咨询服务工作。与其将它称为虚拟咨询台，还不如叫它为咨询协调机构更合适。

VRD 在资源与服务方面有以下几个特点：

①与各类 Ask A 服务绑定，进行合作，使用户与 Ask A 服务相联结，选择最适宜自己的专家来回答问题。主要表现在：一是合作化的 Ask A 服务，即与 Ask A 服务网络和信息专家志愿者合作，保证用户的咨询请求能得到最合适专家的服务。二是学习中心，即以 K-12 相关的课程站点、常见问答库（FAQ）和其他一些先前咨询过的问题作为内容，可自由获取信息。三是 Ask A+ Locator 服务，即可搜索的 Ask A 服务数据库，按照主题进行分类，可根据需求自行选择服务。

②支持服务的提升。一是发展以 QABuilder（曾为 Incubator）为基础的服务软件，并为管理员与专家服务的管理系统提供完善的全程服务，以便通过网络跟踪、回复用户的问题。二是提供指导与培训。为咨询台馆员、联邦政府部门、图书馆、K-12 教育联盟和其他想建立数字参考服务的各种机构或咨询馆员进行教育与培训。三是研究工作。对标准、元数据和数字参考服务的其他方面进行研究。

③促进合作与研讨，即组织一年一度的 VRD 会议，就数字参考咨询问题进行研讨；编辑和出版图书、论文和有关数字参考咨询服务的其他材料，包括 VRD 会议录、指导手册、Ask A 摘要、期刊文章和白皮书等；建立 Ask A 合作组织，通过合作与研讨，促进数字参考咨询的发展。

VRD 作为美国教育部的项目，因其特殊的地位和身份所决定，其最重要的一点是整合了服务于 K-12 的美国国内著名的 VRD 或 Ask A 服务，建立了合作网络。用户可根据需求选择服务专家、服务网络，而 VRD 软件也可根据用户的需求分配、转发问题给信息专家或义务馆员。他们会根据各自的服务模式、服务政策、服务承诺提供服务。加入 VRD 服务网络的著名的数字参考咨询台有 Ask a Mad Scientist、Ask a Space Scientist (NASA)、Ask an Astronomer (Cornell)、Eisenhower National Clearinghouse、Internet Public Library、Library of Congress–American Memory、National Museum of American Art (Smithsonian)、Science Canada、Science Line (UK)、Solar Physics (NASA) 等。

此外，VRD 有着强大的研究专家队伍，走在数字参考咨询发展的前沿，甚至可以说指引着数字参考咨询发展的方向，从而也成为数字参考咨询研究的阵地。VRD 会议从 1999 年到 2004 年已成功召开了六次，不论从会议的规模还是所讨论的议题，其影响力和知名度越来越高，已被决策者、行业参与者、研究人员和参考咨询馆员所接受，并被认为是最重要的会议。

（4）AskNow

AskNow 是澳大利亚的首个联合协作式的参考咨询服务，由澳大利亚国家图书馆、州图书馆和地区图书馆联合为澳大利亚人提供创新性（Innovative）的服务。它是澳大利亚州图书馆委员会（the Council of Australian StateLibraries）发起的探索性实验项目，采用 24/7 参考咨询软件在现有咨询服务的基础上进行了扩展，为用户提供在线实时咨询服务。现有 11 个成员馆，并由这些馆的咨询馆员回答用户问题。这些馆包括澳大利亚国家图书馆、新南威尔士州图书馆、昆士兰州图书馆、维多利亚州图书馆、西澳大利亚州图书馆、新西兰国家图书馆、新加坡国家图书馆局等。从周一至周五早 9：00—晚 7：00 提供在线聊天，任何人都可发出请求，包括国外的用户。

AskNow 在提问前被提示"是否检索了在线目录？""是否检索了索引和数据库页面？""是否与当地的公共或学校图书馆、州立图书馆相联系以得到他们的帮助?""问题是否与手稿、地图、口头历史、报纸、亚洲收藏、图片有关?(因这些资料已被数字化,包括在PANDORA 项目里)"等等,以便提高咨询效率。此外,还列出了该项服务所能提供的和所不能提供的问题范畴,即提供较大范围内的咨询问题;无法提供答案时,尽量指示其他可能的资源信息。不提供深入的研究、家族史研究;不为学校作业、测试或竞赛提供答案;通过馆际互借可借阅的资料不提供外借或复印;不提供医药或法律相关的建议;等等。多数问题一般在五个工作日内回复,更复杂的问题还会需要四个星期。

（5）Ask a Librarian

Ask a Librarian 是在自愿基础上建立起来的英国公共图书馆协作体,现由 CO-EAST 公司管理和运营。英国所有的公共图书馆合作在一起,主要为本国的用户提供数字参考咨询服务,但也回答来自全球的问题。一天 24 小时,一年 365 天在线提供参考咨询服务。该服务郑重声明所提供的数字化的咨询服务并不是替代传统的面对面的咨询服务,但它会是更方便的服务方式。它是原有服务之上新增的一个服务内容,是服务的扩展。该服务以成员馆轮流值班的方式提供合作式的咨询服务,一般情况下,一个成员馆一年轮值 6 次班,而每个轮流日大概有 15—20 个问题不等。

Ask a Librarian 以 Web 表单形式接收用户的提问,系统在收到问题后自动以表单的形式发送到值班的图书馆,并承诺在 48 小时内给予回复。接收问题后,图书馆员选择最佳的信息源,包括电子的和纸质的文献,并将答案发送到用户电子信箱。如果地址有误,而未能发送答案的话则将其打包暂存在主页上明显的"Bouncing Answers"中,以方便用户到此获取答案。

Ask a Librarian 列出了加入该协作网的几大优点：

可以为图书馆员提供培训的机会，并可相互学习；共享全国范围内的服务，以最少的资源服务于用户；由 CO-EAST 来管理，因而无须再投入人力物力；有更多的图书馆加入，因而值班的时间很少，一年也就 6—7 天，但却可以享用所有的服务；该服务的声誉非常高，因而加入其中，可成为与地方政府"讨价还价"的筹码；通过添加图书馆链接成为成员图书馆以促进所在图书馆的服务；可加入图书馆员讨论组就难点问题、咨询经验以及就服务相关的问题进行讨论，并共享资源。

Ask a Librarian 明确了其服务范围，即为了更公正公平地服务于每位用户，希望每个人一天不可超过 3 个问题；该服务只处理文献类事实性问题，而非假设性的问题和请求；不提供分析、竞猜和建议性的问题答案；法律问题，是由律师，而不是图书馆员来回答，从而不提供任何法律援助；软、硬件方面的问题不予以提供；测试、计划书、文章和作业、文学作品不包括在服务之列；等等。并明确指出该服务更多的是提供线索，而不是提供答案本身。

（6）Temple 大学 TalkNow 在线服务

美国 Temple 大学图书馆在 1998 年推出了一个称为 TalkBack 的实时参考咨询试用项目。用户通过 Web 表单，填上姓名、E-mail 地址和有关的备注，将问题"提交"到图书馆，馆员收到问题后予以回答。这一交流过程很类似于一个聊天程序互动。但这个服务在使用过程中被发现存在许多缺点。为了改进服务，在经过考察学术和商业文献，追踪新闻组和邮件列表，请教了图书馆员和教师之后，Temple 大学图书馆对市场上现有的软件进行了研究，但没有一件产品完全适合所要求的全部标准。从而对 TalkBack 的技术进行改造后，于 1999 年 12 月开发推出了一种实时咨询服务 TalkNow 软件。这种软件采用了开放式的 Linux 操作系统和 PHP 的脚本（scripting language）语言。PHP 是服务器端的、跨平台的、嵌入了 HTML 的描述性脚本语言，它允许 Web 开发者快速写出动态生成的网页。

TalkNow 的工作程序如下：

咨询馆员来到咨询台，进入 TalkNow，准备接收来自工作站的问题；用户点击 TalkNow 链接，被接入专用的 TalkNow 服务器；TalkNow 窗口出现，提示用户咨询馆员已登陆，用户可以键入自己的问题；用户键入问题，点击"发送"按钮，将该问题发出，该问题就会同时显示在用户和咨询馆员的屏幕上；随后的聊天过程就像一个标准的聊天对话一样进行了。使用 TalkNow 只需要网络浏览器，不需下载或安装任何软件，不需要建立帐号，不需要口令。

此外，TalkNow 不受时间和地点限制，只要有网络连接，咨询馆员从任何一台计算机上都可登录，回答用户的问题。这种随时可以进行的沟通，真正体现了数字图书馆中馆员的无所不在，从而使图书馆的服务与交流跨越时空。

（7）丹麦 Biblioteksvagten 数字咨询台

Biblioteksvagten 是丹麦政府资助的，由丹麦国家图书馆管理局管理和支持的在线参考咨询服务项目。它是丹麦数字图书馆的一个子项目，目的是让丹麦公共图书馆和研究图书馆联合起来，共同为用户提供咨询服务。用户可通过在线聊天直接与馆员对话或通过填写表单递交问题。承诺可在任何时间提问并在 24 小时内得到答复。目前有 39 个公共图书馆和 13 个研究图书馆加入其中。Biblioteksvagten 始于 1999 年并计划运行到 2000 年 9 月，但后来变成了常规服务。Biblioteksvagten 由筹划指导委员会来管理，该委员会由每个成员馆的一名成员、项目管理者、项目研究者组成。筹划指导委员会对财务、开放时间、宣传营销等方面作出决策。而日常事务由项目组来管理，成员由成员馆两名咨询馆员、项目管理者、项目研究者组成，负责网站的内容和建设以及所有与业务相关的讨论。

该项目的目的在于确定具有不同组织机构特点的不同图书馆之间进行合作，共同服务于最终用户时的组织和技术问题；试验哪样的问题可只依靠网络资源回答而不依靠传统、物理上的图书馆；基于使用时间、问题类型、地理位置、年龄等来评估用户的需求；确定提供该项服务所需的馆员条件和专业要求。

Biblioteksvagten 的服务界面包括了如下内容：

链接丹麦网络专题信息服务站点，如 Ask Science、Animal Doctor and Denmark's Family Lawyer 等；链接公共图书馆网络导航（www.fng.dk），该导航包括由丹麦图书馆员筛选出的近 3000 个站点，大部分是丹麦语的、高质量的网络信息资源。这些站点按照 30 个大类进行分类，每个馆员负责某一专题的跟踪和更新；有关 Biblioteksvagten 的事实性信息，包括运行时间、联系电话、E-mail 地址、回复时间等。此外，还标明该项服务为用户提供的是信息指导，而不做信息阐释、信息穷尽搜索或法律方面的任何指导。

3.2 非图书馆数字咨询系统

数字参考咨询除了在图书馆应用外，还广泛出现在商业化的、非商业化的其他咨询当中，并赢得了更多用户的青睐和关注。

目前非图书馆的数字参考咨询服务较为有影响的有：Webhelp、Google Answers、AllExperts、Wondir、The Internet Public Library "Ask a Question"、新浪 iAsk、Yahoo 奇摩知识 + 等等。

下面选择国内外比较有代表性的系统 Google Answers 和新浪 iAsk 作介绍。

3.2.1 Google Answers

2001 年 8 月，Google 曾尝试建立一种回答问题的服务，称为 Google Questions and Answers。这种服务由 Google 的员工通过电子邮件答复问题，每个问题收费 3 美元，但只开通了一天，用户的需求就超过了资源的承受能力。2002 年 4 月，Google 重新推出该项服务，改名为 Google Answers，并在运行模式上进行了彻底改变。

Google Answers 的推出，改变了 Google 单纯的查询信息的功能，而向用户提供现成的答案，从而赢得了用户的广泛赞誉。更重要的是，Google Answers 探索出了一套全新的网上咨询有偿服务模式，建立了一种适应市场需要的咨询服务机制。正如 Google Answers 在其主页上所宣传的那样，"提出一个问题，给出一个价格，得到一个回答"。

用户提问表单包括问题提出、给出主题（问题描述）、为答案出价、问题分类四部分。用户提出问题后，如果研究人员认为问题可以回答，价格合理，就可以锁定该问题，该问题就对其他人屏蔽，保证此时此刻该问题只有一个研究人员回答。锁定的时间为 4 个小时，如果问题价格为 100 美元以上，锁定时间为 8 个小时。在这段时间内，其他研究人员不能回答锁定的问题，其他用户也不能提出评论。一旦研究人员对问题做出了答复，其状态就从"锁定"变为"已回答"。如果研究人员在锁定的时间内没有回答问题，问题的状态就转换为"未回答"，其他研究人员就可以选择是否回答。

在咨询费用方面，用户在向 Google Answers 提出问题的同时，

必须给出为得到该问题答案所愿支付的费用，不论结果如何，其中
0.5 美元的张贴费是不予退还的。用户出价越高，越有可能得到快
速高质量的回答。咨询费用限定在 2—200 美元之间。费用中的 25%
作为 Google Answers 运行经费，而 75% 付给回答者。如果用户对答
案不满意，还可请求原研究人员解释。如果解释之后还不满意，可
以请求将问题再次张贴，或使用"退款请求单"，要求全额退款，同
时给研究人员一个"差"的评分。如果要求退款，用户还要解释为
什么对答案不满意，这一解释以及相应的问题和退回的答案，将被
张贴到 Google Answers 的网站上，答案将张贴 30 天，Google 对所有
合理的请求予以全额退款。

Google Answers 的咨询回答者是自愿参加的，但要经过严格的遴
选程序，包括个人简历、回答问题样例、签定合同、获得研究人员资
格证书等。Google 鼓励用户提供对答复质量的反馈，给答案评分。如
果研究人员的评分低于某一个水平，或者有几次答案被退回的问题发
生，他（或她）将不能在 Google Answers 中继续回答问题。用户对答
案给出评分时，还可以给研究人员小费。小费从 1 美元到 100 美元不
等。研究人员将得到小费的全部，Google 并不提取小费的任何百分比。

Google Answers 的知识库也是非常重要的内容。所有已回答的
问题都按照特定的分类放置于不同的类目中。主要类目有艺术和
娱乐（Arts and Entertainment）、教育和新闻（Reference, Education
and News）、商业和货币（Business and Money）、社会关系和社会
（Relationships and Society）、计算机科学（Computers Science）、家族
和家庭（Family and Home）、体育和休闲（Sports and Recreation）、健
康（Health）、其他（Miscellaneous）等。在每个大类下又设有下一级
类目。如艺术和娱乐下面又包括了图书和著作（Books and Literature）、

名人（Celebrities）、戏剧（Comics and Animation）、电影（Movies and Film）、音乐（Music）、表演艺术（Performing Arts）、饭店和城市指南（Restaurants and City Guides）、电视（Television）、视觉艺术（Visual Arts）等。用户在提问之前建议查询已回答或正在回答的问题。

3.2.2　新浪 iAsk

新浪 iAsk，又名新浪爱问（网址：http://iask.sina.com.cn），从2004 年 11 月起在全国范围内推广专业人士的合作计划。为了鼓励大家利用网络平台进行更好的互动互助，共同提高，iAsk.com 评选出一些具有专业水准，并能够经常正确解答他人问题，乐于助人的网友成为"推荐用户"和"专家团"。"推荐用户"是对那些在 iAsk.com 里表现出色、乐于助人用户的奖励。"专家团"称号是专门表彰那些在 iAsk.com 里表现最出色、最活跃的"推荐用户"。iAsk.com 专家不仅有公司职员和互联网社区的职业人士，还有来自不同背景的专业人士（例如：医生、作家、艺术家、美容师、企业家、工程师等），他们来自国内外的各个地区、各个领域。

iAsk 对会员的要求是只要拥有新浪会员身份（新浪通行证），就可以直接登录 iAsk，并成为 iAsk 的会员。非新浪会员可直接注册为iAsk 会员，并同时获得新浪通行证。只有会员才能进行各项功能的操作，非会员只有浏览的权限。成为"爱问"的会员不需要任何费用。

iAsk 通过积分的方式鼓励用户参与。回答问题并被提问者采纳是积分增加的最好途径。用户凭积分不仅可以提高自己的级别，还有机会获得 iAsk 定期颁发的大礼。iAsk 为积分增减设定了一套详细的规则，如回答被提问者采纳加 10 分，每提问一次得 1 分，发表评论（限被编辑审核通过后，每天 10 分封顶）加 1 分，新用户首次登录时免费获赠 20 分等。此外，还设定了奖励分，如发现已解决问题的答案有错，"揪"错成功时奖励 30 分等。当然，也有相应的减分机制，即没有在问题有效期内处理自己的问题时减去 20 分；提交的内容被其他用户投诉，并被编辑确认的扣除 10 分等。

此外，积分是衡量级别的唯一标准，只要积分提高到一定的分值，系统会自动完成级别的提高。但积分的降低也会使级别下降。"爱问"的级别设置为新手、学弟 / 妹、学长、学者、大师、智者、圣人、先知。而新手的积分为 500 分以下，最高级别的先知积分为 50001 分以上。

除了以上的功能之外，还有对问题的评论、对答案的"揪"错、入选"编辑推荐的问题"、投诉、投票（有多个答案时投票选出最佳）等功能设置。

在 iAsk 平台上还有一个 iShare 共享资料的功能块，用于共享资源和知识。iShare 资料共享分为免费和支付积分两种。如果将资料无偿共享给他人，资料每被下载 1 次，将获得奖励积分 1 分，但每条资料最多只能获得 1000 积分。

iAsk 主要通过会员的互助来满足不同会员的不同的个性化需求，正如其宣传的那样，汇聚了 8000 万网民头脑中的所有智慧，来帮助您解决问题！

总体而言，iAsk 是一种多对多的用户互助模式，这种模式是建立在对用户的信任之上，它相信每个用户都可以成为某方面的专家，真正的高手就隐藏在用户之中。就提出的问题而言，有简有杂，有难有易，有些问题完全没有确切的答案，仁者见仁，智者见智。其对问题的评判标准也不是传统意义上的对与错，而是换种角度去进行评价。

第4章　数字参考咨询服务模式

　　模式是对某一事物或某一系统内部各要素及其相互关系经高度抽象后的外化形式，它描述了事物或系统的基本结构，具有反映其本质的特质。运行保障体系和设计服务模式两者在数字参考咨询服务过程中并不是平行展开的，其内涵和外延在不同时间和空间上相互交叉、循环渐进。运行保障体系为数字参考咨询服务过程提供"实施环境"，设计服务模式反过来验证和反馈保障体系，促进其自身的修正和完善。两者经过一种恰当的选择并互相交织在一个整体过程中。本章分析探讨数字参考咨询服务的模式，以期为数字参考咨询系统的建立提供科学的方法论和模型基础。

　　最初的数字参考咨询主要以电子邮件（E-mail）为主，是异步数字参考咨询的雏形。到20世纪90年代中期，随着计算机和网络技术的发展，国外一些图书馆将聊天技术、视频会议等技术应用于图书馆的数字咨询中，逐渐形成了同步数字参考咨询系统。1999年，美国提出构建协作数字参考咨询服务（Collaborative Digital Reference Service），2001年底，澳大利亚、加拿大、英国、新西兰、新加坡、瑞典、韩国等多国情报机构加入了协作数字参考咨询服务，协作式数字参考咨询的优势逐渐显现出来。典型的协作数字参考咨询服务如 Ask a librarian、Question Point、VRD 等系统已经得到广泛应用。

在数字参考咨询系统的发展中，我们可以看到，目前国内外数字参考咨询服务的实现形式主要分异步（Asynchronous）、同步（Synchronous）以及协作式（Collaborative）三大类。以上几种模式代表了数字参考咨询服务的层次演变和发展趋势。然而，在实际运作中各个模式在实现条件和服务质量保证方面各有优劣。

4.1　异步数字参考咨询服务模式

异步数字参考咨询服务是指用户的提问与专家的回答是非即时的，实际应用中主要通过电子邮件（E-mail）、常见问题解答（FAQ）、Web 表单、知识库查询等几种方式或各方式结合起来实现。这是数字参考咨询服务最简单、应用最为广泛的形式。

4.1.1　异步数字参考咨询服务的主要方式

（1）常见问题解答（FAQ）方式

常见问题解答（Frequently Asked Questions），系统咨询员将用户使用图书馆或咨询系统时遇见的常见问题进行分类组织，编辑整理形成一个帮助系统，供用户浏览和查询，避免咨询员的重复作业，是一种最基本的数字参考咨询服务，问题一般包括系统的使用说明、资源介绍，专业数据库的检索方法等等。可通过分类列表或简单搜索等形式来实现问题的查询。有的咨询台在处理常见问题解答时，为每条记录设置一个计数器，根据用户访问记录的数量来设置排序。

（2）电子邮件咨询方式

电子邮件咨询方式主要有两种形式，一种是基本的电子邮件咨询，另外一种是电子表单形式。

①基本电子邮件形式。在信息技术介入的通讯中，电子邮件是最广泛利用的传递信息的方式。电子邮件（E-mail）也是异步数字参考咨询服务中最常使用的方式，其良好的用户普及度是进行数字参考咨询的基础。国外电子邮件咨询早在 20 世纪 80 年代中期就已经成为数字参考咨询的一种主要方式。美国联邦政府出资组建的 Ask ERIC 和密歇根大学图书馆的 Internet Public Library 是两个比较有名的早期电子邮件形式的数字参考咨询服务项目。在电子邮件服务模式中，系统能将所有的相关咨询文档保存归类，较之传统参考模式进步不少。虽然还没有完整地记录下咨询接谈的全部过程（用户提问后咨询员为澄清问题实质与用户进行的多次交流过程），但是已经记录了很多重要内容，如用户的原始问题、咨询员提供的答案、提问响应时间等等，对这些记录文本的分析、保留、归档有助于改进参考咨询服务的质量。用户不仅可以利用电子邮件传递文档信息，也可以传送声音、图片、视频片段等。一般的咨询台只有一个邮件入口，用户将问题发送后，由咨询员逐一解答回复。当咨询台规模比较大时，可为用户提供分类邮件咨询，针对不同的主题类别设置不同的邮件入口。

②咨询表单方式（Web-form）。咨询台的虚拟咨询链接直接指向一个表单入口，读者和咨询员不需要启动自己的邮箱。提问的表单包含提问人和问题的一些基本信息，如用户姓名、电子邮件地址、问题主题、问题类型、问题内容、用户就该问题已获取信息资源等。用户按要求填写表单中的各项内容，然后提交。咨询员一般在 1—2 个工作日对问题加以解答，按所填写电子邮件地址发送到用户邮箱，同时编辑后存入数据库供用户浏览和检索。

③留言板方式。BBS 主要用来发布信息，咨询台通过留言板提

供发布公告、解答疑难、收集意见等服务，而用户则可利用留言板来提问、置疑和发表意见或建议。目前国内高校图书馆的主页上较多设有留言板，辅助数字参考咨询服务。随着信息接入技术的发展，如公共网关接口（Common Gateway Interface，CGI）技术的出现，可以实现系统的多人异地实时交流。BBS 功能也从单一型的留言转向复合功能，如邮件功能、转发功能，甚至实时对话功能，具备了一定的信息流动性和开放性。

4.1.2　异步数字参考咨询服务的利弊分析

（1）异步数字参考咨询服务的优势

①便于记录保存。咨询员与用户对于信息的处理主要基于文字方式实现，并且通过电子邮件、网络表单等形式传递，便于记录的保存和归档，也利于参考咨询服务的质量评价。同时，在各类参考咨询中，大部分用户都希望能够得到信息的回执，便于阅读和分析咨询内容，异步数字参考咨询服务能够很好地满足用户的此类需求。

②回答时间充分。对于用户提出的问题，一般系统在 1—2 个工作日回复即可，因此咨询员可以有充足的时间思考问题，分析问题，查阅信息资源，保障了回复的质量。

③节省人力资源。在同步数字参考咨询服务中，为了不让用户长时间地等待，因此在咨询台的设置上要考虑到用户的流量统计，安排相应数量的咨询员解答问题。而在异步数字参考咨询服务中，不需要咨询员立即解决问题，在中等规模的图书馆，配置 1—2 名咨询员就可以完成工作。

④不受工作时间限制。在异步数字参考咨询中，由于存在时滞现象，用户在发送问题时不需要考虑咨询员的工作时间。

（2）异步数字参考咨询服务的不足

①交流时间过长。用户不能保证随时在线等待回复，当咨询员需要确认某些信息时，虚拟用户已经不在线等候，而通过邮件等方式与用户对同一问题反复交流，交流时间很长。

②质量反馈不及时。由于缺乏实时的交流，很少能够得到用户对解答和服务过程是否满意的反馈信息，这对于咨询台的建设以及提高咨询员的素质产生了一定的阻碍作用。

③交流效率不高。由于缺少和用户的即时沟通，咨询员对用户的基本信息不了解，用户的信息需求深化程度不一，使咨询员考虑问题的角度与用户有误差。咨询员通常会比较专业地解决问题，但是有些用户对信息的需求不需要过于深入，从而无法理解过多的专业术语，这样不仅会影响用户对问题的理解，也会给用户带来大量冗余信息。

④安全性难以保障。电子邮件由于其公开性，会接收大量的垃圾邮件，因而参考馆员要花费很多时间加以处理和筛选，删除冗余信息。如果系统接受了包含恶意代码的邮件，系统的安全性将会受到威胁。同时，对于电子信箱的容量也有一定的要求，如果容量过小，会出现由于不能及时接收信息而影响咨询服务质量的问题。

4.1.3　异步数字参考咨询服务中要注意的问题

（1）电子邮件地址要便于记忆

电子邮件地址要简洁明了，便于用户记忆，这对于经常使用咨询台的用户来说减少了每次重复浏览电子邮件地址的麻烦。电子邮件地址一般采用与图书馆和咨询台相关的 ID 号作为标识，如 library、reference、information 等。

（2）常见问题解答（FAQ）的编辑

常见问题解答一般是由咨询员制作的静态页面，在内容的更新以及页面的交互性上都有明显不足。在信息的处理上，我们可以将电子邮件咨询和常见问题解答结合起来，实现动态常见问题解答功能。咨询员登陆信箱或表单处理界面后，筛选具有代表性的问题，编辑整理后作为新记录添加到常见问题解答知识库中，对常见问题解答进行动态更新。同时扩展了电子邮件咨询的功能。

（3）引导用户使用常见问题解答

当用户习惯使用电子邮件方式咨询时，会忽略常见问题解答的问题，即使有些问题已经在更新的常见问题解答列表里。因此增加了咨询员的工作量。在页面的设计上，可以将常见问题解答放在表单咨询前，以下拉菜单形式出现，提醒用户先浏览常见问题解答，以减轻人工咨询的压力。

（4）解答问题尽可能详尽

在异步数字参考咨询服务中，由于同用户的交流实时性不强，因此咨询员在回答问题时应尽量提供详细的咨询内容，以减少用户对同一问题的反复咨询。特别对于数据、参考文献的处理更应该准确，以便于用户对于咨询结果进行分析。引文应具有代表性，数量不能太少。如中国科学院国家科学数字图书馆参考咨询台规定一般不少于三条，要对具体问题进行科学的分析。

（5）多种咨询相配合

异步数字参考咨询服务在系统构建上比较容易，但是在实施过程中，图书馆往往采取异步数字参考咨询与传统咨询相结合的方式以满足用户的需求。大多数的图书馆在开展数字参考咨询的同时，也采取电话、传真、当面咨询等多种方式辅助咨询台的工作。

4.2 同步数字参考咨询服务模式

同步数字参考咨询是一种在虚拟环境中由参考馆员直接"面对"用户，即时回答用户提问的服务形式，又称交互式参考咨询服务（Interactive Reference Service，IRS），主要采用网络聊天（Chat）、网络白板（White Board）、视频会议（Video Conference）、网络呼叫中心（Web Call Center）等可实现交互的实时交流技术形式加以实现，其技术依托是即时信息传递（Instant Message）和网络联系中心（Web Contact Center）等应用软件。

异步数字参考咨询服务模式的最大问题在于信息反馈的延迟，信息咨询员与用户不能建立快速传递信息的环境。同步数字参考咨询服务有效地解决了时滞问题，但是由于它自身的特点，解答质量与问题类型都受到时间限制，比较适合处理相对简短、查找答案相对方便的即时性参考提问。而且实时参考咨询更加依赖数字化参考源，对咨询员的素质要求较高。

4.2.1 产生的背景及发展的可行性分析

（1）接入技术逐渐成熟

随着 IT 行业的飞速发展，计算机和互联网技术日臻成熟，为信息内容产业的发展提供了良好的技术接入手段。语音传输、网页推送、即时呼叫等软件技术为同步数字参考咨询服务的发展提供了助力。自动化图书馆的发展，数字化图书馆的构建为咨询员与用户提供了友好的对话平台。优质的接入技术逐渐弱化了通讯时滞问题，为同步数字参考咨询服务的平稳推进提供了保障。

（2）网络用户的普及以及用户对数字化资源的需求

2005 年，Gartner 公司的研究报告指出：即时信息传递已经成为网上交流的主导方式。全球现有约 2 亿人在使用即时信息传递软件，在美国，10% 左右的成年人经常使用这种交流方式，而在中国，网络用户已超过总人口的 23%，而且这一数字还在逐年快速递增。同步信息传递发展迅速，在同步数字参考咨询服务中应用广泛，在 1999 年，只有约 220 人使用，而 2000 年使用该系统的人数就上涨了一倍。

许多网络用户已经习惯在网络上获取信息，这种信息需求推动了数字参考咨询服务的发展。网络海量信息的特性，使有用信息与无用信息相互混杂，增加了用户信息筛选的难度。网络搜索引擎的出现，虽然能够解决很多问题，但是对于专业化的问题，搜索引擎仍然难以给出满意的答案。参考馆员完全可以利用丰富的馆藏、信息处理专业技术为用户提供权威可靠的专家服务。因此，目前图书馆的参考咨询仍然具有不可替代的优势。

（3）信息资源的多样性

世界信息内容产业蓬勃发展，作为信息内容产业重要组成部分的各类专业数据库，成为用户检索相关信息的重要途径。用户在使用数据库时仍然会遇到各种困难。首先，各数据库的检索规则各异，需要用户具备一定的信息素质和信息意识；其次，某些数据库诸如国际联机检索对用户的检索能力提出了很高的要求，一般需要制定科学的检索策略和具备检索经验的专业人员才能快速有效地完成。因此，普通用户在使用专业数据库时需要资深的咨询员来辅助解答，而数字参考咨询服务恰恰能很好地解决这个问题。

4.2.2　同步数字参考咨询服务模式的利弊分析

（1）同步数字参考咨询服务模式的优势

①同步咨询增强了时效性。同步数字参考咨询服务中，用户与咨询员之间相对即时的特点，消除了异步数字参考咨询服务带来的迟滞，从而使用户与咨询员之间的交流更近似于当面交流，咨询员能够更清晰地了解用户的需求，良好的用户接谈功能，可以实现对同一问题反复深化的交流。

②咨询员可以快速调整检索策略。咨询员可以根据用户在实施检索中所遇到的具体问题调整检索策略，优化检索方案。

③用户操作简单。同步数字参考咨询服务所使用的软件比较普及，诸如聊天、网络会议等软件已经具有良好的用户基础。简单的操作平台，便于用户的普及。

④同步数字参考咨询服务软件提供的存储功能便于记录的保存。交谈文本的自动发送功能，方便了与用户交谈之后的使用和保存，视频会议咨询则可以采用视频文件的形式保存多媒体资料，供日后查询，这些资料也给咨询员提供了宝贵的素材，便于咨询员的提高。

（2）同步数字参考咨询服务模式的劣势

①信息咨询员在回答用户问题时，无法将检索过程的实施展现在用户面前。这是因为运行同步数字参考咨询服务模式的问答软件中，无法将该软件与其他交互式页面实时、有效地嵌入，无法将检索数据库、馆藏资源及其他相关网页的同步信息推送到读者面前。

②难以保证同步咨询的解答效率。信息咨询员很难同时回答多个用户的咨询。首先由于软件功能和技术的限制，还不能实现一对 N 的分界面形式，这使得在用户集中的时段，无法满足多个用

户的信息咨询需求，而要使用户等待。其次同步数字参考咨询服务模式良好的交互性使读者的咨询时间更长。在同步数字参考咨询服务模式中，咨询员与用户间的交流是即时的，这使得用户面对检索过程发生的诸多问题都可以及时咨询，从而延长了交流时间，如不限定提问的类型及允许交流的时限的话，就服务效率来说是得不偿失的。

③用户与咨询员的交流仍然存在障碍。一方面，以文字为主的实时交流会受到文字表达、录入速度等多方面的影响而不如当面咨询准确、直接。另一方面，当实时咨询采用视频、声音等多媒体技术时，对交互双方的软硬件要求比较高，而且需要一定的带宽以保证交流的通畅。

④同步数字参考咨询服务模式的开放性难以保障咨询台的安全性。用户在与咨询员交流的过程中有时需要传送文件，咨询员却难以保证用户传载文件的安全性，如果所传送的文件携带病毒或其他恶意破坏代码，会威胁咨询台的正常运行。

⑤处理问题质量的影响。同步数字参考咨询服务受时间限制，难以保证回答的完整性和准确性，因此比较适合处理简短的问题。另外咨询效果也受数据源影响，咨询员只能依靠现有的信息资源解答问题。同步数字参考咨询服务对咨询员提出了更高的要求，甚至是有经验的咨询员在进行实时咨询时也会感觉紧张，在很短的时间内对问题作出快速而准确的响应是一项很难的工作。因此，对咨询员的要求和咨询台的资源建设提出了更高的要求。

（3）同步数字参考咨询服务采用的方式

①聊天软件。Chat 软件是同步数字参考咨询服务中使用最广泛的一种技术手段。通过 Chat 软件系统可以实现一对一或者一对 N 的

即时信息传递，传递的形式以文本信息为主，也可以传递图像、声音和视频文件。在软件上，交谈的双方要采用相同的聊天程序；硬件上，计算机要具备一定的配置并且双方都要有一定的带宽以保障信息传递的流畅。现有的同步数字参考咨询服务主要采用的软件有ICQ、OICQ、Microsoft Messenger、Yahoo Messenger、AOL Instant Messenging 等。

②呼叫中心。呼叫中心所采用的软件费用较高，要求咨询员具备一定的技术。它比一般的聊天软件具备更强大的功能，除能够进行文档信息的传递，进行文字分析外，还支持图像、声音等文件的传递和共享以及页面推送和同步浏览功能。呼叫中心不仅允许参考馆员和用户进行实时交流，而且可以使馆员控制用户的浏览器，看到用户检索时的问题所在，帮助、指导用户解决问题，并为用户演示参考馆员推荐的页面。

③视频技术。视频技术为同步数字参考咨询服务提供了一种迅速有效的交流方式。视频技术的出现使交谈双方能够清晰地感知对方的声音、表情等变化，使咨询过程更类似于面对面交谈。视频会议一般包括单点视频和多点视频，单点视频在数据流向上是单向的，只有一方可以发送信息，其他数据终端只能接收信息。多点视频在数据流向上是多向的，所有的参与节点都可以互通信息。视频会议在国内外的商务会议和远程教育上已经广泛使用，但是在信息咨询中应用的不多，主要由于技术的普及度不高，对用户的软硬件配置要求较高，要有足够的带宽和相应的插件才能顺畅交流。

4.3　协作式数字参考咨询服务模式

协作式数字参考咨询是以网络为依托，联合图书馆、情报机构等多个成员组织形成的提供数字参考咨询的服务系统，将基于单咨询台的运作模式改为基于小组、集团或联盟的运作模式，以解决单个图书馆因各种原因限制而难以解决的咨询问题，各成员间采用分布式多咨询台的合作咨询服务模式。整个系统由系统管理员或主管咨询员进行管理和调度，有的也预先设定一些算法，由系统自动完成咨询作业的调度。

这种咨询模式一般是基于专家咨询数据库（知识库或咨询案例库）的智能化、综合性专家咨询系统。咨询台提供多功能参考咨询界面，具有可检索的知识库，提供用户与专家的信息库，信息资源调度，问题处理与分配、问题进程跟踪及系统管理等功能。典型的协作式参考咨询有合作数字参考咨询服务（Collaborative Digital Reference Service）、Ask A Librarians、VRD（Virtual Reference Desk，是一项由美国教育部发起，致力于推进数字参考咨询，并成功创建和实施的基于互联网但有专家参与的信息服务项目）以及在全球广泛应用的 Question Point。协作式数字参考咨询服务使各图书馆能够共享咨询专家、延伸了服务的时间并扩大了由数字咨询问答记录形成的知识库集合。

4.3.1 协作式数字参考咨询服务的利弊分析

（1）协作式数字参考咨询服务的优势

①咨询质量得以保障。协作式数字参考咨询服务显现出强大的资源整合优势。各成员馆馆藏资源各有所长，学科设置各有侧重，咨询专家的知识结构也不尽相同，协作式数字参考咨询服务集合了各成员馆的诸多优势，取长补短，把用户的问题交给最适合的咨询专家解答，从而保证了咨询质量，也提高了咨询效率。

②咨询形式多样。用户不仅可以通过咨询台向分配的专家直接咨询，也可以通过 Web 表单、电子邮件（E-mail）等多种方式协同进行咨询问答，同时可以利用常见问题解答（FAQ）对数据库进行知识检索。数字参考咨询服务调度系统在向相关咨询专家分派用户问题的同时，也可通过系统定制及系统内嵌的邮件发送器，以电子邮件（E-mail）形式将用户填写的问题同时发送至咨询专家的电子信箱。这样，咨询专家既可通过数字参考咨询服务系统实时咨询，也可通过电子邮件进行异步咨询。

③节省经费。首先，协作式数字参考咨询服务成员馆的运行基于相同的软件平台，相同的信息接入技术使软硬件投入的成本相对降低，而且在系统的维护、修复等方面也会节省大量资金。另外，协作式数字参考咨询服务使成员馆共享馆藏资源，减少了信息内容建设的投入，也使各成员馆在信息资源上优势互补，保证了各成员馆能够在资金不充足的条件下获得更多的资源。同时，也便于各成员馆咨询员的交流，利于提高咨询人员的信息素质，节省了大量的培训费用。

④时间分配更加科学。协作式数字参考咨询服务使每周 7 天，每天 24 小时的信息咨询服务成为可能。同步、异步数字参考咨询服务受人力、物力的限制而无法保证咨询时间，从而无法满足更多用户的需求。协作式数字参考咨询服务中，多个成员馆的加入，打破了咨询人员的地域限制，使人员分配更加合理，资源调配更加科学，也使分散的用户能够得到更科学的咨询。

（2）协作式数字参考咨询服务的不足

①技术处理复杂。协作式数字参考咨询服务系统建立在通用型网络平台之上，整个咨询系统采用了控制中心和成员馆协作的构建

模式，涉及诸多模块的互相契合，从而增加了软件设计难度。怎样缩短调度时间、怎样使问题分配更具科学性、各成员馆的功能分配等等诸多问题，都是协作式数字参考咨询服务系统面临的严峻考验。各协作式数字参考咨询服务的系统不同，要扩大成员馆和服务范围时，各系统的兼容性和质量标准的制定也将是我们面临的问题。

②各成员馆的质量标准有待于进一步统一。一方面，问答知识库是由若干成员馆经过标引、著录、编辑的问答记录所组成的可供检索的数据库，知识库可为读者和咨询专家提供答案检索服务，如果各成员馆形成知识库的格式难以统一，会给用户的使用带来难度。另一方面，对各成员馆进行实时调度要有统一的标准。

4.3.2　协作式数字参考咨询服务的实施过程

（1）用户提问阶段

用户可以在本地咨询台上提出问题，由本地咨询馆员接收问题。

（2）问题处理阶段

本地馆咨询员接受提问后，若可以解答，则及时回复。若用户选择要回答的成员馆，则把问题直接转到指定的成员馆予以解答。

（3）问题分配阶段

若问题超过了本馆的范围，可以提交给主咨询台，主咨询台会自动选择一批与提问匹配的合作成员馆，并通过最佳匹配算法，按分值降序排列出合适的回答馆，调度系统会将问题分配给分值最高的馆予以回答，若该馆无法解答，则分配给第二个馆，依次类推。如果自动选择阶段仍然无法解决该问题，则由人工处理，予以分配，选择适合回答的成员馆。如果这两种方式都不能解决问题，则打回主咨询台，由主咨询台处理。

（4）应答阶段

成员馆解答问题，解答结果直接交给用户。同时，咨询管理模块将对成员馆的解答过程进行跟踪管理，并将问题、回答结果及其相关内容存入总台临时库及该咨询员所属的成员馆本地临时知识库以备以后出现类似的问题。若接到问题的咨询员所属机构属非成员馆，则回答内容仅存入总台临时库。在应答的同时，系统还对成员馆跟踪管理的情况（如应答时间、应答质量等）记入成员馆数据库，以便今后更有效地进行任务分配和对各成员馆进行绩效评估。

4.4　手机在数字参考咨询服务中的应用

4.4.1　手机成为数字参考服务载体的可行性分析

伴随通讯事业的大力发展，手机用户自新世纪开始每年以几何级数增长，手机持有量大幅增加，为数字参考服务提供了广泛的用户基础和最新平台。

手机功能不断推新。不仅能够发送语音、文字、图像、视频，还能够无线上网，填写电子表单、发送电子邮件、进行电话会议。以苹果公司的 iPhone 手机为例，其已经完全具备掌上电脑功能，能够实现数字参考服务的异步或实时咨询服务。iPhone 手机是美国苹果公司研制推广的新款手机。结合了三种产品——iPod+ 手机 + 移动互联网终端的特点，以触摸操纵方式，虚拟智能键盘供用户使用。通过手指的上下滑动可以快速翻阅通讯录，手指的收放可放大缩小图片。文字输入利用虚拟智能键盘，能够自动纠正输入的语法错误，速度相当快。iPhone 支持在音乐播放中无缝电话接听，电话接打过程中可与多人对话，同时进行几乎所有其他的操作，包括召开网络会议。iPhone 还支持可浏览检索的语音留言，短信功能则采用对话方式，界面类似于 iChat。iPhone 支持 IMAP 和 POP3 协议，可以完整显示 HTML、XML 网页，双击则可局部放大。电子邮件超链接，图片的支持也是完善的。iPhone 还内建 Google Map 与 Widgets，Google Map 可显示世界主要城市的街道与卫星图，并可规划路线，进行导航和定位。Widgets 就如同 Mac OS X 内的 Widgets 一样，可连上网络获取股票、天气等资讯。

中国是无线互联网最大的市场，作为处在可控、互动网络上的高伴随度和高自主度的多媒体终端，手机成为一个公共服务不可或缺的，并不断随着媒体形式改良的现代社会推动力。作为从事参考咨询服务工作的图书馆员，我们不会漠视手机产业的辉煌发展，利用最新进的技术，服务大众是我们的基本思路。

4.4.2 手机在数字参考服务中的应用

（1）在异步式数字参考服务中的应用

异步式数字参考服务主要采用 E-mail、FAQ，以及 Web 表单等几种方式及其结合来实现。① E-mail：手机利用强大的无线上网功能，可随时随地接收提问，以电子邮件的形式将问题的答案发送给用户。② FAQ：如用户想访问常用问题解答知识库，手机同样可以实现这一功能。我们可在手机内将常用问题以文本、图像、语音或HTML、XML 网页形式编辑成 FAQ 知识库。用户访问数字参考服务中心网站时，可自由浏览 FAQ 知识库。③ Web 表单：手机的智能虚拟键盘，能够自动纠正输入的语法错误，可快速自由地填写电子表单并通过手机的无线上网功能进行自由发送。另外，手机强大的短信、语音留言和图片发送功能为用户进行异步式提问提供功能保障。

（2）在实时数字参考服务中的应用

iPhone 强大的语音聊天功能及图片、音频、视频的发送功能，快速的文字输入，使互动交流以多种方式实现。尤其电话会议功能值得一提。

手机网络电话会议的实现方式：利用手机的网络会议功能，数字参考服务部门可利用互相交流"群"的概念，设定群的号码吸纳读者与专家为会员，组织电话会议。借以了解各领域最新发展动态，分享专家的思想、知识、经验、提高数字参考服务质量，以弥补单一标准答案的缺陷。适时通过自由先进的科技平台，组织专家召开定时、定期的数字化研讨会，以开放模式对读者提出的问题答疑解惑，实现数字参考服务功能。借此平台，还可以使学术会议的概念与功能发生实质性的变化。例如，以往的学术会议，需要特殊的时间、地点、人群进行讨论，受众面比较窄。通过手机的最新数字电话会议功能，掌上电脑无线上网功能可以使更多学术机构同时共享学术会议的最新成果。显现出数字参考服务的现代化、高效能的特点。例如北京大学的学术会议讨论的问题，可通过一定协议，在数字参考服务平台下通过手机电话会议功能，进行"现场直播"，还可进行相关讨论。可以理解为不影响主会场的分会场。令读者一改往日，只有看到会议论文才能了解会议成果的局面。从而消除了会议的时间限制、空间限制、与会人员限制。提高了知识传播的时效性、广度和自由度。另外，可由数字参考服务知识库记录会议现场视频、音频资料，并与第二会议现场讨论结果相对比，做备份，为研究者提供参考依据。手机电话会议式数字参考服务平台，亦可连接到国外最新的学术会议现场，使国内学者在第一时间了解到国外相关学术资讯。当然，这种设想通过合作式数字参考服务是可以实现的。2002 年由美国国会图书馆研制出的合作式数字参考服务

QuestionPoint，实现了国家间的数字参考服务合作与联盟，我国清华大学和北京大学也参与其中，成为会员。通过一定的协议，借助国内终端，进行电话会议。国内合作式数字参考服务也是正在建设中，由 CALIS 牵头组织中国国内几所著名高校，上海交通大学图书馆作为组长单位建设的分布式虚拟参考咨询联合系统（简称 CVRS），则拟在中国的高校系统中建立一个分布式的虚拟参考咨询服务平台，依托合作共建来开展咨询服务。利用手机的数字电话功能实现网上数字参考服务可以认为是数字参考服务工作中的一种创新形式。对于推动我国科技进步有着重要意义。

4.4.3 手机为载体的数字参考服务特点

（1）手机与台式电脑比较

优势：新式手机体积小，易于携带；普及率高，用户持有量大；实现无线上网功能，功能可与台式电脑相提并论；自由便利，真正做到 anywhere、anytime、anyone。

不足：手机限于存储量的不足，不能存储海量的数据，而台式电脑可直接存储数据光盘，有海量的数据库支持。。

由此，手机作为一种数字参考服务的新载体，是台式电脑的有益补充，而不会成为 PC 的替代品。

（2）服务特点

即时性：国外图书馆界主要是利用 Chat 软件，创建一个不受地域限制的空间供问答双方直接交流，从而为用户提供实时参考服务。目前图书馆 DRS 的实时解答软件基本采用了原本为客户服务中心而设计的网络呼叫中心（Web call center）软件。Web call center 将电话、电子邮件、聊天、视频等输入在一个强大的工作站内集成为一体。

信息专家可以利用 FAQ、语音识别数据库、参考馆藏、电子工具书和其他信息源进行应答，从而实现信息服务。集 iPod、手机、移动互联网终端为一体的新式手机，能够完成以电话、电子邮件、聊天、视频、电话会议等方式即时的回答提问，实现数字参考服务的工作。

便利性：手机作为手持设备，体积不断缩小，功能不断强大。不仅具有语音传送功能，文本、图片、视频的传输也以势不可挡的速度发展，毫不逊色于掌上电脑，手机的无线上网功能，不仅支持 IMAP 和 POP3 协议，还可以完整显示 HTML、XML 网页，双击则可局部放大。而且电子邮件超链接，对图片的支持也是完善的。利用手机进行数字参考服务，真正可以做到 anytime、anywhere、anyone。不再局限于固定的空间，固定的硬件设备：光纤和电脑设备。真正尊重用户的自由，充分体现以人为本的服务理念。其便利性会随着手机功能的不断强大，而日益突出。

普及性：近几年来，手机用户的增长速度，无论在我国，还是世界范围，都是令人难以想象的。其发展趋势更是势不可挡。现代人追求先进时尚，而手机的型号、款式、功能不断推陈出新，市场潜力难以预测。我们从事参考服务工作，当然要使用最先进的设备，利用最广泛的用户基础，满足更多的用户需求。

新式手机的普及与电脑微型化趋势相结合，使得一场图书馆数字交流革命悄然无声地进行，打破以往时空限制，使图书馆馆员与用户的交流不再局限于台式机的电子邮件、电子表格、常用问题解答，而将以自由空间与时间条件下的即时互动性交流为主。籍此，手机的进一步微型化、高智能化势必为馆员的数字参考服务提供新式的交流工具与高效的服务成果，充分体现图书馆以人为本的服务理念，同时，在图书馆数字参考服务平台上，发展出新的服务方式。

第5章 数字参考咨询服务系统设计

5.1 系统设计的目标与原则

5.1.1 目标

图书馆数字参考咨询服务是用来满足用户不断变化的信息和知识需求的，其系统最基本、也是最主要的目的就是使用户可以在已联网的电脑上，通过咨询系统界面提出问题并且得到满意的答复，在这期间不需要任何权限。数字参考咨询服务系统能够为广大用户提供一个充分利用现代图书馆的网络优势和数字资源优势的平台，使其能够以最快的速度、最低的成本、最方便的方式获得图书馆的优质服务。

5.1.2 原则

系统结构是数字参考咨询服务系统的关键，它关系到系统的信息组织和运作方式。所以，系统结构设计的基本原则也便成了重中之重。目前为止，国内还没有较成熟和完善的建立数字参考咨询服务系统的原则，鉴于数字参考咨询服务系统是在数字图书馆的基础上形成和发展起来的，以美国数字图书馆项目研究的重要成果——建设数字图书馆的八项原则为参考，提出以下原则：

（1）坚持科研和工程紧密结合的原则

在建立数字参考咨询服务系统之前，专家学者要对其应用的技术进行深入调查和研究，在此基础上研究人员要研究透彻，设计完善的系统。

（2）坚持数字参考咨询概念统一的原则

存储在数字参考咨询服务系统中的对象称为数字对象，他们存储在数字仓库中，用调度码来标识。存储在数字对象中的信息称为内容，它们被分为各类数据，关于数据的信息称为属性或元数据。

（3）坚持一切以用户为主导的原则

数字参考咨询服务系统的服务对象就是用户，系统也理应在充分了解用户需求的基础上建立。用户习惯的提问方式、对问题回复的方式、时间、人员等要求，都是建立系统时必须考虑的问题。

（4）坚持借鉴国外经验教训的原则

我们要借鉴国外建设数字参考咨询服务系统的经验教训，避免犯别人已犯的错误。美国数字资源建设早期，主要依靠计算机通信领域的专家和技术人员具体实施，科学研究与工程建设几乎完全脱节，所以其研究成果有些不切实际。法国国家图书馆在数字化建设中，由于混淆了一些概念，设计、实施全由图书馆自己承担，结果出现问题，只有推倒重来，造成巨大浪费。

（5）坚持一切从实际出发的原则

数字参考咨询服务系统要力求最大限度地满足实际工作需要，要充分考虑各种形式、各管理环节数据处理的实用性，把满足用户的信息需求作为第一要素进行考虑。用户接口和操作界面设计尽可能做到界面美观大方，操作简便。

5.2　角色定义

5.2.1　服务用户（群）

数字参考咨询服务系统的用户（群）是在因特网环境下用户的一个子集合，凡是登录到系统，使用它所提供的服务进行问题浏览、查找、咨询的个体统称为数字参考咨询服务系统用户（群）。用户（群）是数字参考咨询服务系统中最基本的角色，如果没有用户（群）的需求也就不存在服务了。用户（群）这一角色在系统中的主要业务活动就是利用系统提供的手段，例如 E-mail、咨询表单等方式提出问题，在系统中按照分类把自己的问题归类，然后再发送给咨询人员。如果采用实时咨询方式，用户（群）就可以和咨询馆员或专家通过实时咨询工具，例如聊天、视频等工具进行交流和探讨。进行咨询的用户（群）最大的特点就是在任何有互联网的地方都可以进行咨询，不必直接到图书馆，这样就节省了大量的时间和精力。

现今的图书馆为更好地满足用户需求，都不断追求个性化的服务。个性化的参考咨询服务是有方向性的服务，是按照用户的需求提供特定咨询信息的服务。通过满足每个用户（群）的个性化需求，可以有效地拓展数字参考咨询服务系统的层次与深度，使服务资源得到更高效的利用。只有提供有特色的针对性服务，才能使用户各异的个性化信息需求得到满足，才能真正实现参考咨询服务系统的价值。

5.2.2 参考咨询馆员

需要乃发明之母，全球数字图书馆或全球数字信息中心的兴起，势必导致一个新的职业名称"数字馆员"的出现，数字知识资源要靠他们来管理，庞大的数字图书馆宛如知识宝库正在孕育待出，具体到数字参考咨询服务系统中，我们把其定义为参考咨询馆员。

作为数字参考咨询服务系统的参考咨询馆员必须具备广博的知识储备、优良的信息素质、过硬的外语能力和计算机技术、起码的表达能力和理解能力、良好的职业道德，具备了这几方面的综合素质，才能适应网络条件下用户范围的广泛化、信息需求的个性化与复杂化、参考源的丰富性和多样性、信息获取与传递手段的现代化，真正把参考咨询工作干好。

参考咨询馆员最主要的工作应该围绕着参考咨询工作的目标来进行，用饱满的工作热情迎接用户的咨询请求，认真倾听并理解用户的提问，有技巧和针对性地向用户发出提问，通过反复交谈，掌握用户的真正目的。对于不能实时正确解决的咨询问题，首先要认真分析，然后在考虑查全率和查准率的条件下制定相应的检索策略，在检索过程中，还需要反复调整和修订检索策略，以优化检索效果，再对检索出来的文献进行分析、过滤、整理，保存其中符合用户要求的文献信息，及时将结果发送给用户并询问用户是否满意。如果遇到自己不能解决的咨询问题，则需及时帮助用户联系或直接将问题转达有关的专家或同行解决。参考咨询馆员的责任还包括：对咨询记录进行保存和整理，建立常见问题库（FAQ），以便用户随时随地查找所需问题的答案；节约咨询馆员重复劳动消耗的精力和时间，集中精力为用户提供高质量的咨询服务，建立知识分类导航目录系统，使用户能够通过导航系统快捷地进入相关的站点获取所需的知识和信息。

5.2.3　咨询专家

咨询专家对每个用户提供的服务是不同的，根据不同用户的需要，咨询专家也要改变他们的角色。一位优秀的咨询专家在许多领域都有自己的见解，以至于他们能够认识到与其他专业的联系。他们利用自己专业领域的专长，或者他们对产业或行业的熟悉和了解，与用户一起分享他们的经验，并帮助用户应用他们需要的知识。

咨询专家与用户一起讨论问题的表现形式和用户对问题的认识，然后诊断问题的性质，通过事实检验后，再确定出现问题的真正原因。咨询专家要具备非常广博的知识，他们除了自己要对各种文献信息资源非常关注、熟悉并进行研究以外，并且还要与相关学科的专家学者取得联系与他们保持经常性的沟通和联系，将咨询人员掌握的和专家学者掌握的相关文献信息综合起来，对导航目录进行经常性的维护，使导航目录系统具有最大程度的权威性、准确性、全面性，真正发挥导航目录的信息导航作用。

5.2.4　系统管理员

在信息化的今天，人们印象中的图书管理员也要随着时代的大潮而转变为数字系统管理员。他们应该在访问计算机所存储的文摘、索引、全文数据库、数字形式的录音和录像之类的数字信息的过程中扮演着与众不同的、大有可为的角色。他们要做到及时获取和传递信息，能够得心应手地处理用户在咨询过程中遇到的各种问题。所以，系统管理员离不开必要的教育与培训，研究和学习并且学而时习之。

数字参考咨询服务系统的系统管理员主要应该担负以下责任：

（1）做好数字资源的存储工作

存储是存放数字化资源的介质，是将一组或多组硬盘通过存储控制系统管理起来使用，在存储系统构建完毕后要担负起使用和维护责任，要经常检查设备正常与否，要掌握存储的安装、配置、调试、维护等技能。

（2）维护和管理数字资源

系统管理员要对图书馆购买的数字资源进行合理维护，同时还可以自己组织数据资源，供网络用户使用。

（3）对咨询页面的外观和内容进行不断更新完善

咨询页面是一个窗口，是用户使用咨询服务的"大门"，不仅要求内容完整，而且要求设计美观。系统管理员要每日检查主页服务是否正常，每个超链接是否正常，如果数字资源的链接有变动要及时在网页中更新。

5.3 服务平台

5.3.1 主要配置及开发工具

（1）配置要求

服务器端：操作系统采用 Windows 2000 Advance Server 版，核心数据库采用 MS SQL Server 2000。

客户端：只需要能连上因特网的 Windows 95P、98P、2000P、XP 的操作系统，浏览器为 IE 5.5 以上的版本即可。

（2）开发工具

JavaScript、VBScript、ASP（Active Server Page）、SQL Server 2000。

JavaScript 语言的前身叫作 Live Script，自从 Sun 公司推出著名的 Java 语言之后，Netscape 公司引进了 Sun 公司有关 Java 的程序概念，将自己原有的 Live Script 重新进行设计，并改名为 JavaScript。它是一种基于对象和事件驱动并具有安全性能的脚本语言，有了 JavaScript，可使网页变得生动。使用它的目的是与 HTML 超文本标识语言、Java 脚本语言一起实现在一个网页中链接多个对象，与网络客户交互作用，从而可以开发客户端的应用程序。它是通过嵌入或调入在标准的 HTML 语言中实现的。

VBScript 全称应该是 Microsoft Visual Basic Scripting Edition，它是程序开发语言 Visual Basic 家族的成员之一，它将灵活的 Script 应用于更广泛的领域，包括 Microsoft Internet Explorer 中的 Web 客户机 Script 和 Microsoft Internet Information Server 中的 Web 服务器 Script。

ASP 是 Active Server Page 的缩写，意为"活动服务器网页"。它是由著名软件公司"微软"开发的。ASP 是一种动态的、活动的网页，这个页面在不同的环境下会有不同的内容。这种活动的页面还可以接受用户提交来的数据，像我们常见的论坛、聊天室等网页，用静态的 HTML 页面是无法实现的，只有用 ASP 或其他种类"动态"页面来实现。

（3）支撑技术

当今世界是信息的世界，信息化和网络化的浪潮波及社会的各个角落，以信息技术为主要标志的科学进步日新月异，以现代信息技术，尤其是以计算机技术、高密度存贮技术、通信技术、网络技术和多媒体（超媒体）技术为基础的数字图书馆得到飞速发展，传统的参考咨询形式也过渡到数字参考咨询。如何有效实现多媒体信息的数字化、信息的网上传递、网上信息互交式非线性共享共取，成为研究的焦点，要想建设一个比较完善的数字参考服务系统，必须把握好其相关的支撑技术，包括：数字存储技术、信息技术、自动分类技术、对象资源调度技术、协同技术、网络管理技术、检索技术和数据采集技术等，其中信息技术还包括信息推送技术、信息发布技术和信息定制等技术；检索技术中还包括全文检索技术和元数据检索技术等。

①数字存储技术。

数据已成为最宝贵的财富，数据是信息的符号，数据的价值取决于信息的价值。由于越来越多的有价值的关键信息转变为数据，数据的价值也就越来越高。对于很多行业甚至个人而言，保存在存储系统中的数据是最为宝贵的财富。在很多情况下，数据要比计算机系统设备本身的价值高得多。人们在信息活动中不断产生数字化信息，数据量总是在不断增长，某些时候还会产生突发性增长，如多媒体应用和网络应用就产生了这种突发性增长。对于大部分应用，CPU 和网络的速度达到某个值就满足了要求，但对存储容量的需求却是没有止境的，因为永远都有新的数据产生。因此，存储系统要有良好的可扩展性。

在数字参考咨询中，全天候服务已成大势，7×24 小时甚至 365×24 小时的全天候服务已是大势所趋。这不仅意味着没有营业时间的概念，还意味着营业不能中断。国外的信息调查机构曾对各行业停机造成的损失做过大量的统计，数据表明，停机数小时对现代企业的损失是相当大的，停机超过一天，对一个企业来讲是不能忍受的，停机一周则将是毁灭性的。全天候要求存储系统具有极高的可用性和快速的灾难恢复能力，集群系统、实时备份、灾难恢复都是为全天候服务所开发的技术，所以数字存储技术在数字参考咨询服务上必不可少。

　　所谓数字存储技术，就是指能把文字、图形、图像、音频等信息转换成计算机能处理的 0 和 1 二进制数字编码，并对它们进行编辑、加工、组织、存储和传输，同时，也可以把这些数字其他的元素还原成人们能阅读的文字、数值、图形、图像和声音。数字存储技术可以使存储设备管理简单化、有较好的设备兼容性，并且在视频点播系统应用中具备明显优势，可以大大提高存储系统整体访问带宽。数字存储技术有三种最基本的模式：直接连接存储（Direct Attached Storage，DAS）、存储区域网络（Storage Area Network，SAN）和网络附加存储（Network Attached Storage，NAS）。

　　通过对三种模式的比较分析，得出 NAS 网络附加存储设备是解决数字参考咨询服务系统中网络存储需求的最佳方式之一。管理员可以在任何一台客户端机上管理存储设备，无须另购管理软件。除此之外，NAS 存储设备多自带用户认证机制，可保证数据安全。关键数据的安全存储，可以满足最终用户大量文件级数据共享的需求，而且还能提供充足的存储扩展能力，并充分利用现有的网络资源，在最短时间内以较少的 IT 投入解决集中存储的问题。

　　②信息推送技术。

　　信息推送就是信息服务公司或网络公司通过一定的技术标准或协议，从网上的信息资源或信息加工者那里获取信息，然后通过固定的频道向用户发送信息的新型信息传播系统，这是一种按照用户指定的时间间隔或根据发生的事件有目的地按时将用户感兴趣的信息自动推送到用户的计算机中的数据发布技术，信息推送技术是一种信息获取技术，是实现网上主动信息服务的关键。

　　目前常用的信息推送技术主要有以下三种方式：邮件式推送，这是推送技术中最基本的应用形式，用电子邮件将有关信息发布给列表中的用户；自动推送，能根据自身的刷新时间发布信息，读者可以预定推送信息服务，但需要在 Web 网页上连续收听广播，在一般情况下，这种服务要求在读者终端上装有特殊的客户机软件，定期发出更新请求；频道式推送，是目前网上普遍采用的一种推送方式，它将某些网页定义为浏览器中的频道，用户可以像选择电视频道那样去选择收看感兴趣的，通过网络播送的信息。只要用户预先订阅所需频道，并设置好更新时间，就可以获得由浏览器自动下载、更新的资料。

对于数字参考咨询服务系统而言，可以采用频道式推送技术。只要建设一个专业的信息推送服务频道，就可以为读者提供个性化的信息服务。读者只需登陆到网站，填写一份申请表，包括用户名、密码、所需信息主题、关键字、自己的地址、更新周期等内容。提交后图书馆服务器就会将这些信息记录在推送服务代理的数据库中，并把每一个读者的查询要求发送到查询代理，查询代理根据读者需要的信息主题定期检索相应的数据库，并将查询到的结果通过推送服务代理发送到用户指定的地址上，并且可以允许读者离线浏览。这样，读者不必每次访问图书馆的 Web 站点就可以自动获得其发送的最新资源，大大方便了读者查询信息。

目前，将推送技术引入图书情报服务领域的事例还不多，但世界上最著名的 Dialog 系统已经开始向用户配置使用一个称为"Live Wire"的新的推送软件，使用户可自动享用来自 Dialog 和 Profound 的经过精选的信息服务。国内图书情报界尚未见到较为成功的事例，但也有基于 E-mail 将推送信息服务应用到图书管理软件中去的。

③自动分类技术。

自动分类就是用计算机系统代替人工对文献等对象进行分类，

一般包括自动聚类和自动归类。自动聚类指的是由计算机系统按照被考察对象的内部或者外部特征，按照一定的要求（如类别的数量限制，同类对象的亲近程度；等等），将相近、相似或者相同特征的对象聚合在一起的过程。自动归类是指计算机系统按照一定的分类标准或者分类参考，将被考察对象划归到不同类目的过程。

在数字参考咨询服务系统中一般提供常见问题库浏览和关键词检索两个部分，常见问题库浏览一般是基于参考咨询系统常见问题的分类目录。它浏览的对象是本系统中的资源，目录分类的质量较高，检索效果好；但是成本高、信息更新慢、维护的工作量大。而关键词检索的对象是符合条件的资源，其检索信息量大、更新及时、不需要人工干预；但是返回信息过多，质量太低。

目前，很少数字参考咨询服务系统提供对常见问题库的分类浏览或检索，其原因之一是由人工进行常见问题库分类几乎是不可能的。如果能够实施常见问题库的自动分类，就可以实现常见问题库标引和检索的分类主题一体化，搜索就能够兼有分类浏览、检索和关键词检索的优点，同时具备共性检索和特性检索的功能；能够深入到常见问题库层次，帮助用户迅速地判断返回的结果是否符合自己的检索要求。例如在关键词检索中用熊猫作为检索词，返回的结果中作为动物的熊猫、作为一种杀毒软件的熊猫和作为一种电子产品的熊猫等内容是交杂在一起的，用户要对结果进行分析判断，才能确定哪些是自己需要的。如果采用了自动分类技术，就可将不同的内容分到不同的类目中去，从而节省用户的判断时间，提高检索效率。

④资源调度技术。

数字参考咨询服务与传统的参考咨询服务不同，它是在新的网格环境下迅速壮大发展的，数字参考咨询中的资源调度就是在网格环境下研究的资源调度。通用的网格资源调度结构包括三个主要的阶段：资源的发现——产生一个有关可用资源的列表，对可用资源相关信息进行收集与选择，从而产生一个最优集。资源的选择——通过对信息的采集，对所需资源进行有针对性的筛选。作业的执行——包括作业的分段传输和清除，需要说明的一点是，虽然目前有许多网格资源调度系统，但是还没有一个系统完全遵循这一体系。在实际应用中，各系统都针对特定的应用对这一体系作了相应改进。

在一个协作性的数字参考咨询服务系统中，它所需要的资源必定跨越多个管理域，规模庞大，这样一来数字参考咨询服务系统则需要支持对资源、用户的全局命名空间，便会出现资源的共享与私有并存的情况，不同的管理域有不同的本地资源管理系统 LRM（Local Resource Management），数字参考咨询服务系统对资源的控制需与 LRM 的交互，共同使用资源。

⑤协同技术。

计算机支持的协同工作（Computer Supported Cooperative Work，CSCW）技术是现代计算机技术的一个分支，是指一级用户在一个共享的工作环境中协作地完成一个任务。CSCW 具有边界开放性、信息共享性、自动化支持、工作协同性、分布性和群体感知性等特点。协同是为了系统目标而达成的共识，实现跨子系统之间的控制，将一个子系统按整体插入主系统，又能够将不同子系统的任务级实现链接控制，用以解决系统管理中多个子系统间的关系问题。

数字参考咨询服务系统是由多个子平台协同工作构成的，它提供多种供咨询员和用户之间进行交流和协作的功能，如电子邮件和 Web 表单咨询、在线咨询、常见问题库咨询等。这些服务都涉及一个群体合作的问题，为了正常有效地交流协作，咨询员和用户必须要遵守一定的规则，也即协作规则，它是促进团体正常高效运作的基础。同时，利用协同技术就可以把子系统有机地结合起来，使他们成为统一的整体。

5.3.2　服务平台模块设计

（1）用户模块

在这一模块中，要实现用户权限的管理，根据不同用户的角色，进入不同的页面，给予用户不同的权限，由用户认证、权限管理和角色管理三部分组成。用户认证包括用户名、密码的设定，用户首先可以注册成为一个普通用户，然后登录系统，即可向咨询员提出问题，也可查看咨询员给出的咨询解答。在用户提问后，系统会将所提问题存储在"我的问题"中，以便用户再次进行问题查询。权限管理是本模块的核心部分，采用以角色为中心的安全模型。该模型将系统的模块权限和用户分开，使用角色作为一个中间层。用户和角色的关系是，一个用户可以同时属于一个或多个角色，一个角色也可以同时包含一个或多个用户。同样，角色和模块之间也是多对多的关系，并且可以设置角色对模块的具体操作权限。用户访问模块时，通过其所在的角色对该模块的访问权限来获得该模块的权限，通过这种分层的管理模式可以实现有效的权限管理。一个用户可以对应多个角色，而一个角色可以包含多个用户；一个角色可以包含多个模块，而一个模块可以对应多种角色。

（2）咨询模块

咨询模块包括 E-mail 表单咨询和实时咨询两个子模块。当用户提出问题后，可以任意选择相应的回复方式。

E-mail 表单咨询模块是把 E-mail 和 Web 结合起来，基于 www 方式进行 E-mail 收发的一种电子邮件系统，称为 Web-mail。Web-mail 使用户仅仅以访问 Web 的方式就可以得到和使用完整的邮件服务，它给用户构造了一个相对独立的空间，用户按要求填写设立在图书馆主页上的在线专门表单，然后通过点击"发送"或"呈交"按钮即可将咨询问题发送给图书馆。表单设计的好坏直接影响这种咨询服务方式的质量。一份好的表单既要方便用户填写，又能使咨询人员从中获取尽可能多的用户特征信息和需要信息。Web-Mail 的介入，为图书馆提供了与用户新的沟通方式及新的服务空间，使得图书馆为用户提供个性化定制服务成为可能，即根据不同读者的需求，向不同用户传递不同的信息，实现只对单个用户进行管理和服务。

实时咨询模块服务的功能虽然类似聊天室，但不同的是，该聊天室是一对 N 的模式。从咨询员的管理界面来讲，他应该能及时看到来自不同终端的连接和提问，并进行回答。从用户的界面来讲，他只需要看到自己与管理员之间的对话记录。实现实时聊天可以通过 Chat 技术，即通过点对点信息传输技术（Point to Point Transfer，PPT）实现向某一固定用户发送其所需信息，不至于造成其他在线用户的垃圾信息堆积现象。通过实时聊天，用户和咨询服务人员能够进行实时信息交流，迅速掌握并满足用户的信息需求。因此，实时聊天是一种最便捷的咨询服务方式。

（3）电子白板（White-board）模块

所谓电子白板，是指一个虚拟公用区域，参加协作的各个成员的计算机上都有一个白板的视图，白板上的内容既可以是一些基本的简单图形（如：点、直线、矩形、圆等），也可以是文字、图像甚至可以是音频、视频，白板的数据是共享数据。当一个用户修改了其中数据之后，立即把修改结果通知给其他用户，让他们及时更新自己的白板视图，其更新结果应该立即反映在其他所有用户的视图上，即所谓的"你见即我见"（What you see is what I see，WYSIWIS）。

在数字参考服务系统中，通常使用基于 C/S（Client/Server，客户 / 服务器）的模式，当用户需要使用电子白板向咨询人员或专家进行问题咨询时，双方便可以在因特网上同时打开电子白板，这时用户和咨询人员便可以在自己的电子白板上进行操作。每当用户进行一项操作的同时，都会向服务器发送一条写着当前全部操作信息的记录，再由服务器向咨询人员发送当前记录，咨询人员接收到当前记录后，对此记录进行处理、分析，确定发送源及所进行的操作，之后在各自的用户白板上进行指定的操作，最后再把分析处理后的结果返还给用户。不同的用户可以分别发出问题，在咨询馆员或专家接收到问题后，根据先后顺序处理问题，然后将结果逐一返还给用户。

（4）数据库模块

数据库模块包括常见问题库和问答知识库两个子模块。常见问题库是最基本的专家系统，其将传统的数据库服务与 Web 搜索引擎结合起来，用户可以直接键入自然语言，也可以通过关键词提出咨询问题，常见问题库模块即可提供有关这些问题的解答或相关信息资源的链接，并将用户可能遇到的最常见的问题分门别类地加以说明，并提供关键词等方式的检索途径。常见问题库是"科技情报信息推送服务系统"中经过数据库挖掘技术和知识信息过滤模块后建立的知识仓库，是完全或部分代替人的脑力劳动，把电子读物以及网络上的信息资源准确地归到正确的类目中的系统。它具有文字匹配检索、自然语言检索等功能，使用户能够迅速找出所需的相关信息。模块的设计遵循容易使用和容易维护的原则，网上信息资源纷繁复杂，本模块就更应该具备易于处理、分类信息的能力；知识库里的知识与人脑中的知识具有一定的相似性，同样会过时、会老化，因此就要定期针对知识库的滞后性进行更新，添加新的术语、新的关系，删除旧的知识，使此模块不断完善。

问答知识库（Questions and Answers，Q&A）模块，收录的是经过咨询人员过滤、整理和加工的用户曾咨询过的所有问题及其答案，通常仅供咨询员在解答问题时查询使用，但目前不少数字参考咨询服务系统中都具备可供用户使用的问答知识库，用户可以通过关键词等检索方式查寻所需问题及答案。在 Q&A 模块中，提供给用户检索问题标题、问题内容、答案内容和指定咨询专家这几种检索途径，用户可以通过检索问题的题目或内容来获取所需问题，也可以通过检索答案内容来获取所需问题，同样也可以检索出某个专家回答过的所有问题。咨询馆员或专家在回答用户问题后，通过过滤、整理将所有问题按照提问时间存储在 Q&A 库中，有新问题产生随时更新，以便提供给用户有效的答案。

（5）专家模块

专家模块是数字参考咨询服务系统中必不可少的模块，参考咨询服务中专家的素质能够直接影响服务质量，有一批专业人员从事这项服务，才能保证服务质量，真正奉行"服务以用户为中心"的宗旨。在系统中的专家模块中，每个受聘的专家都拥有自己的账号，登录后便可以看到用户的问题表单，其中包括：题目、问题类型、问题描述、要求回复时间等内容，专家便可以根据用户的要求对问题进行处理，得出相应的答复后可按照用户的需求以各种形式将问题的答案发送给用户，在用户得到答复后可以对此进行评价，专家再次登录后便可以看到用户的反馈。

（6）管理模块

管理模块是由两个子模块组成的：一个是管理员子模块，另一个是咨询员子模块。其中管理员系统主要担负用户权限管理、系统配置、系统安全管理、系统技术支持、系统数据的维护等方面的工作。咨询员系统直接参与对用户问题进行接收、分派、解答、发送、保存及再利用的全过程，是保障和开展咨询服务的重要手段，只有被授权的馆员或专家才可以登录到此模块。

第6章　数字参考咨询服务运行保障

数字参考咨询服务是一项复杂的综合性的服务过程，是物质性过程和社会性过程的综合。物质性过程体现了数字参考咨询服务的技术属性，社会性过程是物质性过程生存的抽象社会环境和有效运行的保障体系的构建。所以，数字参考咨询服务过程是物质性过程和社会性过程两个维度的有机整合，两者通过一定的过程组织机制达到有效衔接和相互作用。本章从运行保障体系构建的视角探讨数字参考咨询服务。"运行"突出体现数字参考咨询服务的标准规范、法律、人力资源及技术等要素在时间维度上关联性状态的演变，强调数字参考咨询服务是具有连续决策特征的运动过程。"保障"则反映了数字参考咨询服务实施主体和实施内容的新的发展趋势：从制度、协议、标准、人力资源等多方面实现国际化，变被动服务为主动服务，实施从简单的数字咨询服务到基于知识层面的深度咨询服务。

6.1　数字参考咨询服务运行的标准规范

与数字图书馆的建设一样，数字参考咨询服务中涉及的标准问题也相当多。如各个环节的技术标准、适用的元数据标准、服务标准、质量控制标准、协作性数字参考咨询服务和跨平台、跨媒介的参考信息交换与共享标准等等。目前，制定相关的标准规范对数字参考咨询进行质量控制还任重道远。据有关调查数据表明，国内外在这一方面都存在着明显的不足，只有部分图书馆制定了数字参考咨询服务规范，大多数图书馆没有任何形式的服务规范。

从宏观角度来看，数字参考咨询服务标准规范共分为技术标准、操作规范和基础标准三部分。国外对此已有研究，并已经有了一些研究成果，如 QUIP、KBIT、QATP。如何在吸收国外数字参考服务标准化研究成果的基础上，形成适合我国数字参考服务相关的通用标准，是摆在我们面前的紧迫任务。

6.1.1　技术标准

技术标准是指为数字参考服务专门制定的技术标准，它是保证数字参考服务质量的最重要的措施，它关系到数字参考咨询系统的实用性、互操作性和可持续发展。数字参考咨询服务的技术标准主要包括以下几方面：

（1）问答交换协议 QUIP

QUIP（Question Interchange Profile）是 R. David. Lankesd 于 1998 年在 VRD 的一份白皮书中提出来的，并经过 VRD 等数字参考咨询服务组织讨论研究而形成的数字咨询服务中分配问题和答案的一个建议性元数据方案。后来被推荐给美国国家信息标准组织（NISO）作为制定标准的参考。QUIP 是以分布式协作咨询为基础，是一种基于元数据的有问答流的数据格式。其所有元素形成了一个树形等级结构图，从一次问答交换过程的角度来描述问题、答案以及涉及的人员或机构。它没有严格区分问题和答案元数据，而是进行统一描述，这是与其他标准的不同之处。

开发 QUIP 的目的是，咨询交换（Reference Interchanges）是可以计算机化（无需人工干预由计算机软件来处理）和可扩展的（能够适应不同的领域），同时也能够保持人与人之间的交流优势。

（2）问题 / 答案传输协议 QATP

QATP 是美国国家信息标准组织（NISO）出台的一个双向协议，定义了一系列基于服务器和客户端的事务、会话、操作和状态。QATP 区分了两种类型的事务，一种是问题 / 答案（Q/A）事务，另一种是会话事务，并对 20 种不同的问答和答复形式进行分析。QATP 主要探讨的是问题 / 答案（Q/A）事务，并做了一系列的假定，在此基础上探讨了协议所支持的使用实例所涉及的功能模型。主要有简单的问题 / 答案模型、复杂问题模型、复杂答案模型、澄清模型、状态报告模型、约束 / 强制模型、会话模型、问题确认模型、直接回复模型、对已存档事务的参考模型等等。QATP 还详细阐述了两个系统在执行功能模型中所定义的行为时的一系列通信规则。

（3）协作数字参考咨询服务及 QuestionPoint

协作数字参考咨询服务（Collaborative Digital Reference Service——由美国国会图书馆和 OCLC 发起，后发展为 QuestionPoint）在数字参考咨询技术标准的制定方面有许多有益的经验。协作数字参考咨询服务、QuestionPoint 均遵循 NISOAZ 标准委员会制定的行业标准，并在此基础上进行开发和服务。

QuestionPoint 的前身合作数字参考咨询服务曾经明确定义了问答元数据。其中问答元数据包括提问代号、提问时间和日期标识、问题描述、提问原因、教育层次、问题难度、关键词、分类表、主题词表、时间限制、已查资源、回答格式、特殊服务、提问成员 / 用户。答案元数据包括回答代号、答案描述、时间和日期标识、拒绝原因、辅助主题词表、辅助分类表、附件、答案引文、已查资源、知识产权状态。QuestionPoint 是建立在协作数字参考咨询服务的基础上的，其问答字段与协作数字参考咨询服务有很多相似之处。协作数字参考咨询服务还比较完整地描述了参与协作式数字参考咨询成员馆和代理机构的有关元数据。经过统一描述之后，协作数字参考咨询服务的问答管理器就能寻找到最佳匹配的成员和代理。另外，协作数字参考咨询服务还设计了协作式数字参考咨询系统的工作流程，定义了最终用户（End User）、成员（Member）、服务水平协议（Service Level Agreement，SLA）、提问管理器（RequestManager，RM）等数字参考咨询的重要组成部分。

（4）参考咨询数据库格式 KBIT

KBIT（KnowledgeBit）是美国 ABC 公司（Answer Base Corporation）联合美国国会图书馆、国家农业图书馆，于 1999 年研制出来的一种综合的，可升级、可链接、可扩展的新型数字参考处理管理的通用标准的数据库格式，它能够通过一种简单的格式整合各种信息要素。它包括选择分类和词汇的使用计划，以及元数据与其他相关标准的链接。KBIT 是对数字参考咨询问答保存工作的规范化所作的努力。其格式认可三种类型的问题：原来（用户提出）的问题、咨询接洽过程中的问题（其目的是澄清问题）、正式问题（准备要回答的问题）。KBIT 将答案根据其目的和已有的信息，分为：事实性答案、直接答案、引文、指导、指引。

6.1.2　操作规范

操作规范主要是指开展数字参考服务工作过程中，质量管理方面的相关规范，包括以下几方面：

（1）质量评价标准规范

是指在开展数字参考咨询服务过程中，采用特定的评价指标对数字参考咨询的服务效果与服务质量进行公正客观的评价，从而不断改进服务工作中的不足，提高用户和工作人员的满意程度，改善服务质量。

（2）咨询人员的行为规范

咨询人员的行为规范是保证咨询服务质量的有效措施，它可以作为评价咨询馆员的标准。因此，在咨询工作中，也要不断积累和探讨如何制定有效的行为规范，来规范咨询馆员的服务工作。

美国参考咨询和成人服务部（RASD）下属的一个"参考咨询和信息服务人员行为指南委员会"，把"参考馆员可视的行为特征"作为对咨询人员的评价标准。这种"可视的行为特征"与用户可理解的咨询馆员行为紧密联系。它可划分为五个部分：亲和能力、兴趣、聆听/询问、检索和跟踪服务。这五个行为特征充分体现了咨询馆员与用户之间的互动关系。因此，可以把这五个方面作为数字参考咨询人员评价的基础标准。

另外，美国参考咨询与用户服务协会（RUSA）1996年提出了《咨询与信息服务人员行为指南》，该指南中指出咨询人员的行为规范包括平易近人、充满兴趣、倾听/提问、检索四个方面。在实际的工作中，我们还可以参考格林虚拟咨询奖的12项评奖条件，提出对数字参考咨询员的行为要求。不同的行为产生不同的影响，数字参考咨询人员的行为直接影响着服务的质量，因此，在开展数字参考咨询的过程中，对咨询人员的行为规范应予以高度重视。

（3）问题限定

据有关调查表明，国内外的大多数图书馆都对数字参考咨询的问题范围进行限定，而且大多数用户对图书馆不回答某些问题都比较理解。对参考咨询问题进行限定的原因有三：一是为了保证问题能够得到理想的答案；二是为了提高工作效率；三是为了限定用户提交违法、袭扰、中伤、威胁、破坏、猥亵或其它违反本地区和国际有关法律和条例的问题。

（4）咨询专家

为了提高咨询服务质量，咨询机构可以聘请一些咨询专家来扩大咨询队伍。可以是馆内的咨询专家也可以是馆外的咨询专家，但一定要进行科学的管理，制定严格的工作规范和行为规范，建立健全考核评价制度和淘汰机制。

对咨询专家的选择也应有一定的规范标准，一般包括：应具有较高的学历；应掌握某一学科和图书情报学的知识，学识渊博；应具有在图书馆服务的经历和对数字参考咨询工作的兴趣和热情。当然，选择咨询专家的规范标准具有一定的弹性，其只是在宏观上起到一个参考作用，可以根据实际的情况灵活变通，应以用户对回答问题的满意度作为选择咨询专家的最终标准。

（5）参考源的使用

数字参考咨询对数字参考源的依赖更强，因为数字参考咨询人员（特别是实时参考咨询）没有宽裕的时间到处查找答案，而只能更多地依靠各种网上参考工具。但网上提供的参考咨询良莠不齐，因此为了保证回答的质量，应注意确立网络资源的选择标准，如AskERIC 选择网络资源的标准是：

①权威性。谁建立的网站，其可信度如何？

②稳定性。要努力使数字参考图书馆的任何链接尽可能稳定。如果可能的话，链接网站的一个域而不是一页，因为域名是可以携

带的，即使整个网站移到一个新的服务器上，它仍能继续工作。这样能保证提供的资料的持久性。

③内容。是内容还是广告？信息是否客观？是否有用？是否容易查询或导航？

④目的。是个人主页、宣传网站、商业营销网站、新闻网站？还是信息网站？

⑤用户。资源的服务对象是谁？信息是否适合目标用户？

⑥新颖性。信息的新旧程度怎样？什么时候建立的网页或上一次更新日期是什么时候？

⑦比较。信息与其他电子和印刷本资源比较，是否准确、表述清晰？

（6）答复规范

在数字参考咨询过程中，不断摸索答复的经验，形成一系列的规范，对于提高数字参考咨询服务质量也是非常必要的。主要有以下几个方面内容：

①在回答事实性咨询时，应在提供事实的同时，提供所使用的文献源，以增加信息的可信度，表明信息的客观性；对于文献检索性的咨询，应在提供检索结果的同时，提供所用的多种信息源和检索策略，起到教育用户提高其信息素质的作用。

②由于网络的交互，在咨询过程中，应该对用户的咨询问题进行澄清，以保证能够准确理解提问者的原意，并做出适合提问者需要的回答。

③对于因各种原因尽最大努力后仍不能提供答案的咨询，应提供可能的检索途径。即使是服务范围以外的问题，也应提供问题的出口，使问题在一定程度上得到解决，而不应该随意拒绝。

　　④答案应尽可能使用网上资源，因为网上资源便于用户查找，免去到馆复印或通过原文传递的麻烦。

　　⑤答案的字数在一定程度上反映了答复的详细程度，因此，应尽可能细致地回答用户的提问，而不要怕麻烦。

　　⑥在回答用户的提问时，要注重答复的形式，使用户感到答复亲切、清晰、简明、可信、有礼貌。国外的咨询答复形式通常的规定包括：问候语，最好引用用户的姓名；重复用户提出的问题；答案，主要根据网络资源提供；参考源；结束语与致谢；签名，包括图书馆或服务提供者的名称。

　　⑦网络表单咨询中，答复时间长短是一个影响服务质量的重要因素。因此，在回答咨询问题时，应根据用户心理上的接受能力和图书馆实际完成的能力对答复时间进行限定。

6.1.3　基础标准

　　数字参考咨询服务是数字图书馆重要的组成部分之一，是数字图书馆中用户与资源之间的桥梁和中介。因此，数字参考咨询服务在整体上要遵循数字图书馆的宏观标准规范体系，即与数字图书馆通用的一些基础标准。具体包括：数据格式标准规范、内容编码标准规范、资源组织描述标准规范、系统接入和传输条件标准规范、网络平台和协议标准规范、网络安全标准规范等等。在数字参考咨询系统建设的过程中，必须要符合现有的数字图书馆通用基础标准，采用统一的字符编码（如 UNICODE、GBK、GB2312）和数据格式（如 TXT、JPEG、PDF、DOC），基于通用的网络操作系统（如 Windows2000/NT、Linux），网络协议或机制，以便能和其他服务系统相互兼容。

另外，在数字参考咨询系统设计中还应考虑相关的技术标准，例如，开放结构或已知的应用程序接口（Application Program Interfaces，API）能为图书馆提供将各种软件和服务融为一体的手段。QP 为图书馆、图书馆门户、OPAC 和其他咨询服务提供开放的应用程序接口，将 QP 的各种功能连接起来。这种开放结构有助于图书馆向用户提供连续服务，同时根据用户的需要，提供对核心服务的利用。随着数字参考咨询向协作式的方向发展，标准和开放系统将变得越来越重要。

6.2　数字参考咨询服务的人员保障

在网络化信息社会中，咨询人员的角色定义、作用范畴随着外部环境的变化发生着相应的调整和变化。数字参考咨询人员不再仅仅是简单的图书馆利用的指导者、常规问题的解答者和本馆所藏文献的提供者。读者多样化、信息新需求，要求他们承担起更多的历史责任；先进的技术条件，给予他们更多的机会来施展才华。他们在数字参考咨询过程中，可以发挥更加全面、全新的作用，充当起更多的角色。因此，数字参考咨询服务工作的新特点要求咨询人员必须努力提高各方面的修养，塑造出较高的自身综合素质。

6.2.1　数字参考咨询服务的人员素质要求

世界著名咨询公司美国兰德公司民间技术发展部主任贝举铣曾经说过：兰德公司没有仪器、试管、机床，只有高智力的人。由此可见"人"对咨询工作的重要性。参考咨询服务的网络化、数字化和知识化对咨询人员提出了更多更高的要求。咨询人员不但要掌握图书情报专业的知识技巧，还应具有良好的知识结构、敏锐的信息意识、较强的信息检索、信息整合和信息研究等相关的业务素质。目前，我国的图书情报专业的学科设置和教学质量与国外咨询业发达的国家相比，还具有一定的差距。图书馆现有工作人员的知识结构还无法充分满足数字参考咨询工作的需求。因此，我们一方面要通过学科教育和在职培训培养高质量的咨询服务专业人才，另一方面要积极吸引各个相关领域和行业的优秀人才，以保障和促进数字参考咨询服务的顺利进行。

（1）良好的职业道德和事业心

"用户第一"是数字参考咨询服务的服务宗旨，其要求数字参考咨询服务的一切活动都应该为了用户，以用户为本。而图书馆的性质及社会作用决定了图书馆只能做一个默默无闻的英雄。在讲究付出与回报要一致的今天，参考咨询馆员要真正做到全心全意为用户服务，急用户所急，必须热爱本职工作，对本职工作具有崇高的使命感和强烈的责任感。只有具备这些良好的职业道德和事业心，参考咨询馆员才会努力提高自己，变被动服务为主动服务，为用户想方设法做好自己的本职工作；也只有具备这些良好的职业道德和事业心，参考咨询馆员才能为图书馆事业的发展甘居清贫，为用户的成功甘做铺垫。反之，如果数字参考咨询服务人员缺少较强的职业道德和事业心，就不可能有业务素质或咨询质量的不断提高。

（2）图书情报学和相关学科的专业知识

数字参考咨询服务人员必须具备图书馆学和情报学专业基本知识，熟悉图书馆的结构及其规章制度和各项业务，掌握馆藏资源状况及各种检索工具的使用方法，能够熟练地编制二、三次文献。除此之外，一个合格的数字参考咨询服务人员还应广收博采，触类旁通，了解其他各科的知识，并在工作中加以充分运用。因为要满足高层次信息用户的需求，数字参考咨询服务人员必须具有较宽的知识面和一定的学术水平，能够把握国内外有关学科发展的前沿动态和交叉学科之间的相互关系，为用户提供准确无误的文献信息。

（3）计算机及网络知识

数字参考咨询服务广泛应用信息技术，数字参考咨询服务人员既要对计算机及其他现代信息技术设备有一定的了解，能够进行熟练使用和日常维护，又要具备一定的软件知识，能够使用各种系统软件和应用软件，尤其要熟悉计算机情报检索方法。另外，还要具备网络操作和信息开发、检索的技能，熟悉网上信息资源的种类和特点，并能有效地使用各种网上查询工具，为用户提供优质的信息服务。

（4）外语水平

语言是交流的工具。各种检索软件以及网上资源以英文居多，掌握一门以上的外语有助于获得更多的先进国家的最新信息、资料，更好地为用户服务。因此，一名合格的参考咨询人员要不断提高自己的外语水平，只有具备了较高的外语翻译能力和文字处理能力，才可以利用这些知识迅速准确地了解、选择和获取信息，开展综合性的信息获取业务。

（5）科研能力

数字参考咨询服务人员必须具备一定的科研能力。其科研能力强调的是结合参考咨询服务实践进行的学术研究能力，其目的在于提高参考咨询服务的功效与质量。参考咨询服务的理论与实践存在着互相联系、互相促进的关系。一方面，参考咨询服务理论的形成与发展来源于参考咨询服务的实践；另一方面，科学的参考咨询服务理论又将对参考咨询服务的实践给予正确的指导。图书馆馆员只有在积极从事参考咨询服务实践的同时，又具有相关的科研能力深入进行理论探讨，参考服务才能开展得更深入。

（6）较强的创新意识和竞争意识

有创新，才有发展，一个合格的参考咨询馆员必须是开拓型的。参考咨询馆员要有敢为天下先的勇气，要善于利用现代信息技术和高科技手段开展各种参考咨询服务，始终走在社会发展的前沿。有竞争才有进步。无情的优胜劣汰规律迫使参考咨询馆员要在工作中不断自我努力、自我提高、自我完善。

同时，咨询服务人员还应具有图书馆实际操作经验和网络检索工作经验。在实际的咨询工作中，咨询人员面对不断出现的新知识和新技术，要始终保持旺盛的求知欲和积极的进取精神。一方面要与时俱进，不断学习、涉猎新知识、汲取最新科技成果，不断充实自己，适应新的变化；另一方面要把新技术与传统参考咨询服务有机地结合起来，进行嫁接、整理、生成、出新。只有这样才能保持自己的服务优势，满足用户生产、教学和科研需要。

6.2.2 数字参考咨询服务人员的能力要求

参考咨询人员应具备以下方面的能力：

（1）技术维护能力

由于数字参考咨询服务工作需要很强的技术支持条件，如果在咨询工作中的各个信息处理环节上发生技术性问题，就可能出现乱码信息、信息丢失、死机、网络中断、病毒破坏、邮件传递失败等现象，从而导致咨询进程的中断或更为严重的后果。技术支持能力是保障数字参考咨询服务正常工作不可缺少的要素。因此，为了保障数字参考咨询服务工作的正常运行，数字参考咨询服务人员必须具有技术维护能力，以便及时排除数字参考咨询服务工作中的各种技术故障问题。

（2）快速录入信息能力

数字参考咨询服务尤其是实时参考咨询服务，要求咨询人员能够快速、准确地录入信息。

（3）快速检索信息能力

数字参考咨询服务要求咨询人员具备快速检索能力。在电子邮件咨询服务中，咨询人员要在2—3个工作日中处理大量咨询问题。在实时参考咨询服务中，咨询人员更需要快速为用户提供咨询答案。

（4）多任务处理能力

实时参考咨询服务中，咨询馆员可能需要同时打开多个窗口，在线为多个用户提供咨询服务，还可能要同时接待用户电话咨询和上门咨询。这就需要咨询人员具备多任务处理能力。

（5）安慰用户能力

实时咨询的同步性增加了用户对服务质量的期望值。但实际上，实时的方便性带来了庞大的咨询请求量，导致了咨询人员与用户间即时交流速度减慢，必然要引起在线用户的不满。因此，咨询人员要具备在咨询过程中及时安慰用户，并尽可能地为用户提供帮助的能力。

除此之外，一名优秀的参考咨询人员还应具有分析综合能力、社交能力、组织协调能力、调研能力、文字表达能力等等。

6.2.3　数字参考咨询服务人员模式

技术的应用从根本上改变了数字参考咨询的形态，但技术仅仅是一种手段，数字参考咨询应更多地运用人的智慧和能力。正如

C. Borgman 所说：信息利用绝不是技术问题，而是人的问题。我们的技术已足够多，不足之处是对人的行为和人际关系缺乏足够的了解。由此可见，人力资源是决定数字咨询质量的关键性因素，在一定的条件下，如何最大限度地开发人力资源，提高数字参考咨询的质量，是一个必须加以重视的问题。

（1）建立数字参考咨询服务专家团队

建立数字参考咨询服务的专家团队，是有效开发和利用人力资源的最佳方案。

①人员来源。

馆内专职人员：主要是指本馆内专门负责参考咨询的人员，掌握现代信息技术的传统参考咨询员是从事数字参考咨询服务的最佳人选。

馆外兼职人员：高校及科研单位是图书馆聘用馆外兼职咨询人员的重要来源之一；另外，图书馆专业的实习生、研究生和博士生由于掌握扎实的图书情报专业知识而成为图书馆聘用馆外兼职咨询人员的重要来源。除此之外还可以聘请社会上的一些知名学者充实本馆的数字参考咨询队伍。

协作数字参考咨询人员：从事数字参考咨询的各馆人员是最稳定、最可靠的馆外人力资源，进行合作数字参考咨询对于提高数字参考咨询质量，加快数字参考咨询发展速度将起到很大的促进作用。

②人员确定方式。

确定数字参考咨询团队的方式主要有两种：一种是聘请方式。首先由图书馆咨询小组参与确定聘请对象。然后，向已确定的对象发出聘请函件，其中内容包括有关专家咨询的详细介绍及个人资料填写表。最后，如果专家接受此项工作，就将其资料加入数字参考咨询专家团队的数据库。另一种是自荐方式。如在 IPL 的参考咨询人员队伍中，除极少部分是专职参考馆员外，绝大多数都是来自全球的参考咨询志愿者，他们通过自荐方式加入数字参考咨询队伍中来。

③人员组织。

数字参考咨询的人员组织主要采用如下几种形式：

A. 分散式人员配备模式（Distributed Staffing Model）：是指分散在各地方的咨询人员共同分担用户提出的各种问题。成员机构接到咨询任务后，首先根据提问的性质，与所创建的成员机构文档数据库进行匹配，以寻求最合适回答该问题的成员机构来分派提问并进行提问解答。答案产生后，要按原路径返回至接受提问的成员馆。

B. 联合人员配备模式（Joint Staffing Model）：是指在合作的前提下，一个图书馆负责某一天或某一时间段咨询问题的答复。如Ask a Librarian 对成员馆的合作管理是采用各图书馆轮流值班制，规定某天由一个图书馆负责解答用户的咨询问题，当用户通过咨询平台提交表单后，系统自动转发给当天当班的图书馆，由该图书馆予以解答。

C. 团队模式（Teamwork Model）：是指建立专门从事数字参考咨询服务的工作组或团队，由指定的员工负责处理数字参考咨询问题。

D. 自选模式：IPL 面对分散的问题回答者，咨询管理员在接受问题后，对问题进行初步规范处理，然后将问题张贴到指定网页上，由志愿者自由选择那些自己具有专长的问题做出回答。答案回送给服务器后，咨询管理员要进行审核、修改，再发送给用户。最后，咨询管理员还要对问题及其答案进行整理，去掉问题中的用户个人信息，规范应答的格式和主题标引，然后输入到常见问题解答（FAQ）数据库中给用户浏览和工作人员进行问题查重。

（2）数字参考咨询服务人员优化模式

在数字化环境中，图书馆咨询馆员的角色更多地融入了技术色彩，扮演着信息的组织分析者、信息的传播提供者、信息利用的导航者、信息资源的管理者和学科专家等多重角色。因此，没有高素质的咨询馆员，数字参考咨询服务就无从谈起。建立一支高素质的数字参考咨询服务队伍，关系到数字参考咨询服务的未来，图书馆可通过各种方式提高数字参考咨询馆员的素质。

①引进人才机制。

为了改变参考咨询队伍知识结构单一和水平不高的现状，要采取措施引进一些高学历的本专业人才和一些其它学科专业的人才，相互取长补短。另外，在确保参考咨询权威性的前提下可以引进来自各个领域的参考咨询志愿者。

②人才培养机制。

应根据现代参考咨询工作的特点和要求制定人才培养计划，选派一些有学历、有实践经验、外语和计算机基础比较好的馆员去高等院校继续深造、进修或攻读"第二学位"，使他们成为参考咨询队伍的中坚力量；对于其他学科专业的馆员则让他们接受图书馆学专业知识的培训，来拓宽知识面，提高数字参考咨询服务水平。

③岗位培训机制。

对人员的培训主要包括三个方面的内容。第一是技术方面。要求了解和掌握开展数字参考服务涉及的相关软、硬件技术等。第二是提问内容处理方面。要求正确区分不同类型的提问、针对不同类型的提问和不同层次的用户给予相应类型的回答、指导用户获取某一类问题的信息。第三是数字参考咨询管理技能方面。应定期对咨询人员进行培训，以此来不断提高咨询人员的服务水平，使其跟上时代发展的步伐。

④资格认证机制。

参考咨询的本质是知识的转让、智慧的转让，参考咨询的工作过程就是高智能运动，因此从事参考咨询服务工作的馆员必须有一个任职的资格，这对参考咨询工作的开展和队伍的建设都是非常有利的。美国图书馆对参考咨询人员的资格审定、业务考核、职务聘用与晋升等一直比较严格。我国 CALIS 组织各种形式的培训，对咨询馆员进行不同级别的认证，并建立了三级认证体系。总的来说，要求数字参考咨询馆员具有一定的本专业水平和业务能力，适应现岗位工作；能够跟用户建立友好的关系；对用户的问题的解答令人满意，不带主观片面性、错误性的导向；能通过交谈了解用户的专业知识水平，确定对方是否具有使用被推荐文献资料的能力；在本馆缺乏用户所需求的文献资料时，能够主动地积极地介绍其他的途径；耐心地辅导用户独立使用检索工具书、卡片式目录和机读目录；较熟练地掌握一门外国语；等等。

严格实施资格认证制度，可以充分保证咨询人员的权威性，因此对资格认证应制定相应的标准进行审核，并通过严格的培训加以认定。

⑤职业教育机制。

随着知识经济的到来，社会对图书馆的期望提高，以及政府加大对图书馆的投入，我国图书馆事业进入蓬勃发展时期。在这种情况下应该加强职业教育，提高参考咨询馆员的服务意识和服务水平。美国的图书馆一直比较重视参考咨询馆员的职业教育，早在 20 世纪 20 年代，美国图书馆协会图书馆课程研究会综合 38 名图书馆专家和参考部门负责人对"参考咨询馆员应具有的素质"的意见，总结出

27 条特征和 180 条素质。以后逐年投资进行教育培训，使他们受到系统的职业教育，从而具有较强的服务意识和较高的服务水平。

⑥咨询人员行为规范机制。

在我国，图书馆界对网络环境下参考馆员所应具备的素质及参考馆员制度等问题研究较多，而对参考咨询服务过程中参考馆员服务行为研究较少。为了提高服务质量，提高人员素质和能力，有必要针对我国的国情和图书馆实际，参考国外的成功经验和做法，制定我国数字参考馆员在提供服务过程中的行为规范。在制定的过程中，必须充分了解用户，了解馆员。用发展的眼光充分考虑发展的需要，制定出一套适合我国国情和馆情的行为规范。

⑦引入竞争机制。

现代参考咨询工作的特点和要求迫使参考咨询馆员不能满足于现状、停滞不前，需要不断自我提高。数字参考咨询服务的深入发展，要求参考咨询馆员不仅有较高的服务水平而且要有较强的竞争意识。因此图书馆参考咨询部门有必要引入竞争机制，通过奖金倾斜、竞争上岗、末位淘汰制等形式来充分调动每一个馆员的主动性、积极性，保障每一个馆员的才能得到发挥。由于参考咨询岗位被认为是图书馆最高的业务职位，因此对参考咨询馆员实行奖金倾斜无可厚非，是对他们所从事工作的肯定；竞争上岗、末位淘汰制保证了从事参考咨询工作的馆员是最优秀的，同时也让他们感到压力而不敢松懈。在这种制度下，他们的竞争意识会逐步增强，竞争力也会越来越强。只有这样才能迎接咨询产业化的挑战。

此外，Wasik 提出成功的数字参考服务团体所必需的六个步骤，值得研究和借鉴，具体包括：一是宣传，即对数字参考服务进行广泛的宣传；二是规划，即制定程序、方法和政策，全面反映组织的目标；三是培训，他们为此准备了一份特殊的员工培训计划；四是原型，即小型试验，然后再推出服务，发现问题；五是提供，即为确保资源开发和宣传的服务支持；六是评价。

6.3　数字参考咨询服务的法律保障

在数字参考咨询过程中，咨询馆员在利用各种信息资源为用户提供服务时，不可避免地要涉及与实际工作密切相关的版权和隐私权等法律问题。例如，进行数字参考咨询时，有更多的机会收集用户的个人数据信息，如果滥用这些数据信息将会侵犯用户的隐私权，使用户对服务产生不信任感，影响数字参考咨询服务工作的开展。另外，数字参考咨询服务突破了传统参考咨询的服务方式和服务内容，具有网络连接商（IAP）、网络内容提供商（ICP）的性质。数字参考咨询服务过程中所利用及涉的网络信息、数据库、电子出版物等都在版权保护的范畴，使用它们时如果不注意版权因素，随时可能受到侵权的限制和威胁，阻碍咨询工作的顺利进行。

6.3.1　数字参考咨询服务中的法律问题

（1）隐私权问题

用户的隐私权已成为国内外数字参考咨询服务中非常受关注的一个问题，美国图书馆协会早在 20 世纪 60 年代早期就把保护用户的隐私权纳入美国图书馆员伦理守则里面。加拿大颁布了隐私法，用法律措施对用户的隐私权加以保护。我国于 2002 年 11 月 15 日通过的《中国图书馆员职业道德准则》（试行）也明确规定"维护读者权益，保守读者秘密"。可见，为用户保守秘密已成为了国际上普遍接收和认可的服务原则。数字参考服务相对于传统的参考咨询而言，对用户隐私的保护要求更为迫切。

①数字参考咨询服务所涉及的隐私信息。

A.咨询用户个人私生活方面的信息。这里的私人信息主要是指在咨询进行过程中所涉及的用户真实姓名、住址、电话、性别、年龄、职业与单位、学历、E-mail 地址、身份证号码、所学专业、业务爱好、婚否、健康状况等等。

B.咨询用户的学术研究信息。咨询人员可以通过开展数字参考咨询服务，帮助咨询用户查找、选择、评价、推荐有关学术研究方面的各种信息资源，并回答咨询用户的各种学术问题。但为了保证研究成果的新颖性、独创性、唯一性和先进性，在研究成果正式发表之前咨询用户是不愿意将其研究过程的有关信息公开的。因此，咨询用户的学术需求信息也是带有保密性质、不愿意为外人所知的个人秘密。

②侵犯隐私权的主要因素分析。

A.咨询机构的因素。主要是由于咨询机构没有对咨询用户的隐私权给予高度的重视，没有采用先进的技术对用户个人信息资料加以有效的保护，也没有制定一套有效的管理规章制度，对咨询人员的行为进行约束和监督，最终导致咨询用户个人信息被别有用心之人轻而易举地获取、利用与传播。

B.咨询人员的因素。咨询人员的因素相对比较复杂，从咨询人员对咨询用户个人信息的处理形式来看，主要表现在以下几个方面：

用户信息搜集方面，一是咨询人员超出工作需求和职责范围，或未经用户本人允许，凭借自己所掌握的计算机与网络技术，擅自、非法搜集有关用户的个人资料信息。二是咨询人员捕风捉影、搜集错误信息，对于从不同渠道得知的用户信息不经核实即信以为真，并予以保留和利用。

用户信息分析方面，咨询人员随意进行深度加工，对在咨询过程中及从网上搜集到的咨询用户个人信息进行综合分析处理，将一个人的零散的身份信息、学术需求信息等进行重组、整合，形成一份关于他人的个人完整档案，并以此为依据决定或从事其他事项。

用户信息传输方面，一是咨询人员在与咨询者进行信息交流的过程中，在技术上操作不当或失误，造成用户私人信息不恰当的泄露。二是咨询人员出于恶意、报复或忌妒心理，有意把咨询用户的有关个人秘密信息散布出去，从而给他人造成伤害。三是咨询人员假冒他人名义，传播不实信息。

用户个人信息保存方面，一是咨询人员没有正确使用可靠的用户信息保护软件，二是咨询人员在一个咨询服务过程结束后，没有将用户的个人资料从当前记录中删除，或将其设置为隐性文件。

实施咨询求助方面，在开展网络合作咨询或进行转介咨询过程中，咨询人员的网络信息安全意识淡薄，不恰当地把具体咨询问题以外的咨询者个人其他信息资料（甚至是用户的真实身份与咨询目的）告知网上咨询员，乃至公开公布到网络上，造成咨询用户的信息大范围地传播出去。

（2）版权问题

在数字参考咨询中，所涉及的版权问题包括两个方面：一是用户提问和回答的版权；二是所利用的各种数字资源的版权。在数字参考咨询过程中，对版权问题应给予高度重视，并重点思考如何适应数字经营的范围。

①用户提问和回答的版权。

有关专家对 320 名用户实施了相关内容的调查：在问及"如果

将您提出的问题在去掉了姓名等信息后，连同答案在网上（数据库）公开，其他人可浏览或检索，您是否介意"，有 236 人不介意，占被调查用户的 73.8%，是"介意"的用户的 2.8 倍。接着问到"您是否认为这是侵权行为"，否定者为 244 人，占被调查用户的 76.3%，认为是侵权行为的为 29 人，占 9.1%，还有 47 人认为"不一定"。由此可见，大多数人认为这种行为不是侵权行为，说明参考咨询用户的版权意识还比较淡薄。但随着社会的进步，全民素质的提高，整个社会法治意识增强，版权意识也将增强。网络时代也是知识经济时代，知识的含金量已被全社会所认同。著作权是著作人的经济权利，即享有许可他人使用其作品并由其引起获得报酬的权利的根本保障。版权意识的增强从著作权案例逐年递增的现象也可以得到证实，不但社会上的名人会就著作权诉诸法律，一般公民也会就自己的著作权拿起法律武器维护自己的权益。

②数字资源的版权问题。

利用数字化资源是数字参考咨询的主要手段之一，但使用数字化资源也同样要注意侵权问题，对数字化资源的下载行为在我国尚无定论，但一般认为，信息资源的数字化只是作品形式上的变化，不具有著作权意义上的创造性，并没有产生新的作品，下载数字化作品实际上就是一种复制行为。最高人民法院 2004 年司法解释明确将数字化作品纳入著作权法的保护范围之内，规定：著作权法第 10 条对著作权各项权利的规定均适用于数字化作品的著作权。国际图联在数字环境下版权问题的立场是：图书馆向用户提供数字形式的版权作品，以满足研究、学习等合法目的，应该被版权法所允许。为了个人教育或研究需要，可以复制或通过图书馆和信息人员复制合理比例的数字作品。

关于"合理使用"，法学专家吴汉东定义为：在法律规定的条件下，不必征得著作权人的同意，又不必向其支付报酬，基于正当目的而使用他人著作权作品的合法行为。合理使用是著作权的一种限制，只有在法律明文列举的情况下才能进行这种使用，否则就直接构成侵权。我国《著作权法》第24条规定：为个人学习、研究或者欣赏，使用他人已经发表的作品；为学校课堂教学或者科学研究，翻译或者少量复制已经发表的作品；国家机关为执行公务在合理范围内使用已经发表的作品；等，属于合理使用。此合理使用规定在以印刷媒体为主要交流形式的环境中运作良好。但是，随着现代信息技术和网络技术的飞速发展和迅速普及，不同利益集团对合理使用产生了很大的分歧。其争论焦点是合理使用能否扩展到网络数字环境中。《世界知识产权组织版权公约》和美国《数字千年著作权法》都没有明确合理使用条款，却增加了著作权人的新权利，也没有相应增加对有关权利的限制或例外，从而加强了对版权的保护，使合理使用相对趋于弱化。如果不能够有效地加以完善和解决，将会制约数字参考咨询的进一步发展。因此，数字资源的版权问题应得到高度的重视。

在利用互联网资源下载时应特别注意版权问题。互联网上的各种受版权保护的资料常常同公众可以免费使用的资料混合在一起，人们可以在互联网上查找资料，但这并不意味着不经允许便可使用和复制这些资料。对网站上郑重声明版权所有，不得随意下载的告示要引起注意，否则不知何时，由于我们的疏忽，在提供服务的同时又成为侵权的被告。因此，如何平衡知识产权方面的利益冲突（即一方面是自由和平等，另一方面是强加限制使用），是服务过程中应注意的问题。那种认为在互联网上一切将免费提供给大家的想法是不对的。在服务过程中一定要注意相关知识产权的合理使用。

6.3.2　数字参考咨询服务侵权风险的对策

（1）隐私权问题的对策

利用隐私政策声明。目前国外很多图书馆在利用数字参考咨询记录进行评价工作或研究时，通常在其提供数字参考服务的网页上进行隐私政策的说明，在政策中明确图书馆利用数字参考咨询记录的可能用途。通过隐私政策的声明，可以很好地解决获得用户许可的问题。

据2003年对美国50所比较有实力的高校图书馆的数字参考咨询服务调查，有14所（占28%）高校图书馆在数字参考咨询服务页面上向用户明确了其隐私保护政策，各图书馆均承诺保护用户隐私，对用户的个人信息绝对保密。2003年对我国14所开展E-mail、实时咨询服务的高校图书馆的调查表明，仅有北京大学、清华大学、西安交通大学、同济大学4所图书馆对用户隐私政策进行了申明。可见，我国各咨询机构在开展数字参考咨询服务时应加强对隐私政策声明的利用。

加强咨询机构的技术防护和管理制度建设。首先，应在技术上加强防护。绝大多数咨询人员是不会有意地将咨询用户的私密泄漏出去的，许多私密的泄漏是在咨询人员不知情的情况下产生的，或者是咨询网站受到他人的非法进入，存在于服务器中的咨询者的有关资料被窃取，或者在和其他站点进行信息查询、信息交流过程中，将有关的用户私密暴露给对方。这些问题都可以用技术手段加以解决。目前较好的保护网上个人私密的工具有Blackboard Internet Privacy、P3P等。其次，图书馆还应加强管理，建立健全相关的制度规章。图书馆作为专门的信息服务机构，要想在网络信息服务方面占有优势，必须注重对用户私密的保护。应该建立专门的诸如《咨询馆员行为守则》《关于保护用户个人秘密的规定》《网络服务公约》之类的制度或政策，明确咨询馆员等相关人员在保护用户个人私密方面的责任和义务，以及奖罚制度，让咨询馆员明白在开展网络咨询时，哪些用户个人信息是可以了解、收集、保存和利用的，哪些是不可随意处理的。一般说来，图书馆的保护用户私密制度主要反映在：在有关个人信息的收集和使用上给予高度重视；向消费者提供个人信息收集和使用的选择权；向消费者提供有关隐私问题的联系信息；保证信息的准确无误；保证数据的安全性，维持信息的完整性。同时，图书馆应将自己的用户私密保护条款或措施张贴到咨询网站主页上，以便咨询者了解在保护个人私密方面自己有哪些权利、应尽哪些义务、应该做些什么、怎么做，这样，咨询双方才能密切配合，亦可让咨询用户放心，增强他们对图书馆的信任感，从而利于网络咨询工作的进一步开展。

加强咨询人员的职业道德修养。无论是国家法律，还是单位的规章制度，都不可能解决某一方面的所有问题，许多地方需要道德机制来约束，因此加强从业人员的职业道德修养显得异常重要。一些法制健全的西方国家，也不放弃道德约束的作用，提倡业者自律。在保护咨询用户隐私方面，美国、英国、日本等国的图书馆都曾提出从业者的专业伦理守则，在强调热诚提供大众所需的服务，专业服务的诚实、客观和能力，维护专业的荣誉与尊严的同时，均不忘强调尊重并保护用户个人隐私。在保护网络隐私方面，美国更是提出"让业者自己规范自己的行为"的原则。我国的网络私密保护法律法规不很完善，因此更应加强咨询人员的职业道德教育，倡导业者自律，在网络咨询工作中，严格约束自己的行为，不仅懂法，更要懂得尊重和维护咨询者的人格尊严和法律人身权利。

（2）版权问题的对策

采用相关的声明。在与数字参考咨询服务相关的法律不健全的情况下，采用相关的声明（如著作权声明、合理使用声明、用户须知、免责声明）也能规避侵权风险，减少甚至豁免侵权责任。在实际工作中的一些案例也证明了这一点。据相关调查表明，大多数图书馆都有相关声明，只是具体声明的详细程度不同。其中采用用户须知的形式最为普遍。在用户须知的条例中大致列有图书馆服务范围、方式及用户使用图书馆资源的合理限制。其中中国科学院文献情报中心的各项声明最为全面，包括：合理使用说明、版权声明、服务声明、隐私声明。除此之外还可以通过相关的声明，保护数字参考咨询所产生的常见问题解答（FAQ）等自我资源的版权。关于常见问题解答（FAQ）中用户提问和答案的版权保护目前并没有明确规定，针对这种情况，一些图书馆通过加入相关声明对其进行保护，如北京大学图书馆用户须知中声明：用户所提问题将被有选择地收入北京大学图书馆数字参考咨询服务的知识库中，版权归北京大学图书馆所有。知识库中所有关于用户的个人信息都会被删除。

扩大许可合同的使用范围。有些电子供应商制定的许可合同超出合理使用范围，对用户的合理使用造成很大的障碍。许可合同中应明确指明合理使用的原则和适用性，对诸如浏览、下载、打印、备份、学术信息交流和课堂教学等方面的应用应加以详细定义和说明。图书馆可以在协商时要求数字信息资源供应商尽量减少通过许可合同对合理使用所进行的限制，以便图书馆在合理范围内最大限度满足用户需求，为用户提供最好的服务。

　　合理利用网络资源。利用网络资源包括两种方式：一种方式是利用网络上的具体作品。网络作品大致分为两类：社会公有信息和版权作品。社会公有信息就不存在侵权问题。已经发表过的版权作品除非作者声明不准使用，他人是可以使用的，但要考虑相关知识产权问题。对于未发表过的作品，要征求原作者的许可才可使用。网上的软件资源也分为公用软件、共享软件和免费软件。共享软件和免费软件享有著作权保护，对于它们只允许存档复制、修改、反向工程和非赢利性质利用，不可用于商业目的。另一种方式是链接网上资源。据有关调查表明，绝大部分数字参考咨询服务都通过链接网上资源来行使网络环境下的"知识导航"角色。我们应合理利用网络链接技术为用户服务，以防侵权。链接的原则是要能体现网站的真实地址，而不能误导用户对于网络信息来源的识别，否则就存在侵权的风险。

　　树立利益对等、责任共担的法律精神。在协作式数字参考咨询服务过程中，树立利益对等、责任共担的法律精神是保证其深入、健康和持久发展的有利措施。各成员馆通过彼此间的合作，达到资源共享，在一定程度上可以减少侵权事件的发生。如果发生侵权事件，协作式数字参考咨询的各成员馆都将会承担责任，这将会影响整个团队的发展。因此在协作式数字参考咨询中树立利益对等、责任共担的法律精神非常重要，能够对各成员馆起到更加有力的约束和监督作用。

　　加强技术保护和权利管理信息的保护措施。根据有关规定：咨询馆员下载、拷贝数字作品时，未经权利人许可，故意避开或者破坏权利人为其作品、录像制品采取的保护著作权的技术措施；故意删除或者改变作品、录音录像制品等的权利管理信息，构成侵权，将受到一定的法律制裁。

采取合同管理措施。所谓数字参考咨询合同管理，是指运用合同法律法规，如技术合同、委托合同等对图书馆的数字参考咨询活动加以科学管理和规范，以确保其在正规化、法治化的轨道上发展。

6.4　数字参考咨询服务的技术保障

数字参考咨询服务的实现依赖于强大的技术保障，在进行咨询服务的过程中，技术的支撑将直接影响咨询服务的效果。因此，在进行数字参考咨询服务时合理应用各项技术显得尤为重要。本书第5章"服务平台"一节中对数字参考咨询系统的支撑技术有详尽的论述，在此就不再赘述了。

第7章　数字参考咨询的服务质量评价

7.1　数字参考咨询质量评价概述

随着现代社会法治化、规范化进程的不断推进，质量评价正成为全社会各行业、各部门的广泛共识和切实行动。只有在严格规范的评价体系之下，才能确保各方面工作健康有序地进行并朝着良性循环的方向发展。

7.1.1　数字参考咨询质量评价的概念

（1）数字参考咨询服务质量评价的概念

①服务质量的概念。

GB/T 9000-ISO 9000 系列中将质量定义为一组固有特性满足需要的程度，将服务质量定义为产品生产的服务或服务业满足规定或潜在要求（或需要）的特征和特性的总和。ISO 9004-2《质量管理和质量体系要素——第 2 部分：服务指南》和 ISO 9000《质量管理——基础与术语》将服务特性进行了概括，归纳出最基本的八个方面：舒适与及时、物美与环优、安全与卫生、礼貌与诚信。实际上，有关服务质量的界定历经了不同的历史时期。国外自 20 世纪 80

年代开始在市场营销等领域对其加以深入研究，此后适时而变，逐步扩大至多个学科领域。不少研究机构和个人都对其进行了广泛研究，随着 QUIS（服务质量研讨会）等一系列国际性学术会议的召开其成为管理科学中一个日益受到关注的课题。

总括而论，服务质量是指服务性能的集中效果，其决定于被服务对象的满意程度。

②图书馆服务质量评价的概念。

图书馆作为社会服务业中的重要一员，其服务质量亦具有自身特定的含义。从图书馆最根本的特性——服务性的角度出发，可以认为图书馆服务质量是指图书馆通过服务环境和服务行为向读者提供各类服务时让读者满意的程度，它是图书馆满足读者需求的集中效果。而有关评价，国内外尚未形成完全统一的概念，综合各种理论观点，可以将评价概括为：依据一定标准、采取科学方法，对相关对象的多个方面进行测度、评判的过程。那么，图书馆服务质量评价即以保证工作质量和服务质量为目的，以科学规范的评价体系为依托，对图书馆内部各部门、各环节的服务及管理活动加以测度和评估，以不断提高图书馆工作及服务水平，最大限度满足读者的信息需求。

③数字参考咨询质量评价的概念。

图书馆服务包罗万象，信息服务是图书馆与读者关联的"排头兵"，参考咨询又位于"排头兵"的最前沿，由此参考咨询的服务质量是衡量图书馆服务的关键因子。目前对参考咨询质量尤其是数字参考咨询服务质量的评价尚未形成统一的定义，一般而言指运用定性、定量等方法对数字参考咨询满足读者需求的程度加以评价，对相关要素（如服务过程和服务结果，包括客观因素和主观感受）进行具体测度与评估，以达到切实有效改进数字参考咨询服务质量和效率的目的。

（2）数字参考咨询质量评价的相关概念

现代社会规范化、法治化、信息化的进程使绩效评估、质量监督等逐渐摆上议事日程，也使信息服务、信息咨询等成为人们日益熟稔的名词。这些与参考咨询质量评价相关或相近的概念与其既有联系又有区别，因此在深入研究前者之前，有必要先作明辨：

①信息服务评价。

首先说说服务的具体含义：一般来说，服务是指为满足被服务方的需要，在服务方与被服务方之间所产生的接触、交往等活动以及服务方的活动所产生的结果。服务涵盖了整个社会的方方面面，涉及所有的社会组织和成员。信息服务就是服务的类型之一。对图书馆而言，信息服务在图书馆工作中一直与参考咨询并举，人们常常将两者联系在一起。但严格说来两者既有共同点又存在一定差异：前者所包含的范围更广，内容更丰富，广义上整个图书馆的工作都围绕图书馆的信息服务功能运转；后者的范围则相对狭窄，它是图书馆信息服务的核心，是直接面向读者的服务部门。由此可见，信息服务评价是对图书馆的信息服务情况进行相关评价，其对象、内涵等比参考咨询评价要广泛。

②服务绩效评估。

评估作为一个多样性的概念，尚未形成统一的定义。一般来说包括三个方面：

定量的（度量、计算）——Quantitative（measurement、valuation）；

定性的（评论、批评）——Qualitative（review、criticism）；

半定量的（评价）——Semi-quantitative（appraisal）。

那么服务绩效评估即从实现服务目标、达到服务效果的角度对服务进行综合评估。

③服务质量监督。

这一概念在当前被广泛提及。所谓监督主要指贯穿事前、事中、事后统一、连续的行为，强调过程上的一致性和对结果的确保性。服务质量监督则是通过对整个服务过程的监督与管理，以实现最终的服务目标。

④服务标准化与质量管理。

ISO（国际标准化组织）于 1983 年在第二号工作指南中将标准化定义为主要是对科学、技术与经济领域内重复应用的问题给出解决办法的活动，其目的在于获得最佳秩序。一般来说包括制定、发布与实施标准的过程。到了 1991 年，其又将标准化重新定义为对实际与潜在问题作出统一规定，供共同和重复使用，以在预定的领域内获取最佳秩序的效益的活动。我国于 1983 年颁布的 GB 3935.1–1983 中则将标准化定义为在经济、技术、科学及管理等社会实践中，对重复性事物和概念，通过制订、发布和实施标准，达到统一，以获得最佳秩序和社会效益。在 GB 3935.1–1996 中又进一步采用国际标准对标准化加以界定。ISO 于 1996 年向全世界发出"呼唤服务标准"的号召，表明世界范围内服务向高层次发展已成必然趋势。多年来 ISO、IEC（国际电工委员会）、ITU（国际电信联盟）三大国际标准组织发布了一系列服务标准，以协调和促进服务业的发展。

质量管理是与标准化紧密相连的概念，后者正是前者顺利进行的基础。其以质量管理体系为载体，建立起相应的质量方针和质量目标并为之进行质量策划、实施质量控制和质量保证，从而达到改进质量的目的。

7.1.2　数字参考咨询质量评价的意义

信息时代日新月异的发展使得信息资源呈几何级数增长，读者在浩如烟海的信息海洋中获取特定信息的需求变得日益迫切，随之对数字参考咨询提出了越来越高的要求。进行数字参考咨询质量评价有如下重要意义：

（1）科学规范参考咨询过程，进一步明确发展目标

评价是科学管理的重要组成部分，其目的在于对行为或活动加以规范并指明发展方向。对数字参考咨询进行质量评价，有助于明确工作内容、服务范围、业务流程、人员职责，保持工作的计划性、连续性、系统性、稳定性，充分发挥数字参考咨询过程中积极因素的正面效应，尽量减少消极因素的负面影响，使之始终沿着正确健康的目标前进。

（2）不断提高服务水平，有效满足读者需求

最大限度满足读者需求是图书馆服务的根本宗旨，数字参考咨询作为图书馆服务的业务核心，在满足读者需求方面发挥着至关重要的作用。数字参考咨询已经逐步演变为传统形式和网络形式相结合的复合型参考咨询，但依然应当时刻秉承读者第一、用户至上的理念，以科学合理的评价指标为依托，增加数字参考咨询服务人员和读者之间的沟通交流，通过质量评价起到检查、督促的作用，不断缩小读者期望值与实际所获服务之间的差距，提高读者满意度和服务质量。

（3）以质量取胜，增强现代图书馆的社会竞争力

随着信息社会化、社会信息化进程的推进，传统图书馆拥有的资源、人员、服务等方面的优势正不可避免地日益弱化，而社会咨

询业所蕴含的无限商机、数字化服务的优越性等则大大拓宽了读者的选择范围，开始吸引越来越广阔的用户。

7.2　数字参考咨询服务质量评价的现状

7.2.1　数字参考咨询服务质量评价的国外现状

（1）早期质量评价理论

SERVQUAL 质量模式，早在 20 世纪 80 年代，美国市场营销学家帕拉休拉曼 A. Parasuraman 等人就提出了评价图书馆服务质量的 SERVQUAL 模式，也就是五个层面理论。即可靠性、反应性、保证性、移情性与可感知性。

LIBQUAL+ 质量模式，1999 年，美国研究型图书馆联合会（ARL）发起了"LIBQUAL+"研究计划。2003 年，LIBQUAL+ 将以往 SERVQUAL 确定质量的五层面最终调整为四层面：服务、图书馆整体环境、馆藏获取及可靠性。它采用调查问卷的形式，提炼出 34 个问题让用户进行回答，力求更加全面、客观地评价图书馆信息服务的整体质量，同时突出图书馆为用户提供所需信息资源的服务特色。

（2）名家评价理论

美国图书馆学家 Charles McClure 和 R.D.Lankes 提出了认识和确定数字参考咨询服务标准所需要的四种主要的评价：①结果评价（Outcome Measures），答案的质量，内容是指答复的准确性、对用户的实用性、交互的机会、教育指导作用；②过程评价（Process Measures），过程的效益和成效，内容是指服务的可获得性、答复的及时性、服务程序的清晰性、服务的广度、员工的培训和考评、用户信息的隐私、用户意识；③经济评价（Economic Measures），即参考咨询服务的成本和成本效益；④用户满意度（User Satisfaction），即接受参考咨询服务的用户对服务的过程和结果的满意度。满意度指标包括准确性、及时性、工作人员的行为、技术因素、物理设施等。

（3）美国教育部的 VRD 全面质量标准

这是美国教育部虚拟咨询台建立的数字参考咨询的质量标准，该标准由两部分组成：用户交流和服务开发 / 管理。用户交流包括问答过程中的相关事宜，如咨询服务的可获得性、即时性、交互性、对问题反应的敏感性以及对用户的指导启发性等；服务开发 / 管理主要涉及数字参考咨询服务相关决策对整体服务质量和用户满意度的影响，包括服务机构的权威性、咨询专家的培训状况、用户隐私权的保护、受到评论 / 评价、能够提供相关信息以及为公众所关注等。鉴于数字参考咨询服务在政策制定、程序设计、学科专家的设置以及资源的可获得等方面的差异，该质量标准对各种实际运行的、可操作的服务给予了充分考虑，对某些特定的要求给予了特别关注。

（4）美国数字参考咨询指南

这是美国推出的指南，此标准规定了数字参考咨询服务利用的网络资源或推荐给用户的站点首先必须是免费或以免费为主的网站；网络资源的质量、内容的深度和有用性是首要因素（如：内容描述的清晰度、有无偏见、针对性如何、是否与其他相关站点进行了链接、注重细节与否、有无语法错误等）。其它评价因素包括：参考资料的即时性（所用资源必须是现成的）与涉及主题的广泛性（可用于回答各类专门的咨询问题）；资源的有用性（Web 站点服务器可靠且迅速，能够随时提供所需信息）；便于使用（用户界面友好，易于导航，搜索引擎性能优良），易于输出（打印或下载）；内容的新颖性（保持链接站点的更新）；机构的权威性（提供资源的机构必须具有权威性和合法性）；内容及整体资源的唯一性；在不同参考服务环境下的实用性；实效性（评价参考资源的实效性，需考虑用户方面的因素，如用户利用 Internet 的方法，采用拨号方式访问无疑会降低效率）；Web 作为传播媒介的适用性（如各种载体音频、视频、文本的集成，Java 及其他新技术的应用）；等等。

（5）NISO 数字参考咨询标准

美国国家信息标准组织（The National Information Standard Organization，NISO）于 2001 年成立了网络参考咨询服务标准委员会（the Networked Reference Services Standard Committee），负责研究制定数字参考咨询服务问题处理传播协议（Question Processing Transaction Protocol）和研究开发元数据元素集（Metadata Element Sets）。问题处理传播协议主要为参考咨询服务机构之间的信息交换提供解决方案。它是一个元数据元素集，主要用于识别问答知识数据和组织机构与成员数据等关键元素的描述。该委员会同时在上述两个领域进行了试验和研究，并在网上公布了标准的草案，邀请参与试验的机构对文件进行评论，以检验所提出的标准的可行性，并以此作为网络参考咨询服务协议的基本方案。

（6）美国国会图书馆的数字参考咨询服务质量评估体系

数字参考咨询服务质量评估体系（Assessing Quality in Digital Reference Services）由 OCLC、美国国会图书馆、佛罗里达州立大学信息研究学院等众多机构参与制定。该标准提供了用以评价数字参考咨询服务质量的一整套方法，以及用以描述数字参考咨询服务测评与细化措施的方法和指南。

除上述协议标准外，目前美国开展数字参考咨询服务的图书情报机构都制定有明确的服务指南或指导方针，Question Point 制定了一系列服务规范标准，要求所有回答咨询的图书馆要对自己回答内容的正确性负责，同时由 OCLC 和美国国会图书馆人员组成的一个委员会，在监督各项标准执行情况的同时也对回答内容的质量进行监控。

7.2.2　数字参考咨询服务质量评价的国内现状

国内数字参考咨询服务的起步较晚，对质量控制规范研究相对薄弱。从目前来说，数字参考咨询评估缺乏合适的创新方法，需要研究和发展新的技术以适应数字参考咨询的评估，并在各种参考咨询模型中进行比较才能得出结论。如有人提出从系统服务指标体系、服务水平评价指标体系、咨询队伍指标体系、用户满意指标体系 4 个方面制定评价标准；也有人建议按照咨询的过程制定 3 个阶段评价标准等。

（1）三级指标体系

在数字参考咨询走向全球合作的背景下，我国图书馆界应加强数字参考咨询的标准化建设走向开放和融合。中国科学院成都文献情报中心的杨志萍和中国科学院文献情报中心的周宁丽率先提出了一套分布式数字参考咨询系统服务评估指标体系，该体系设置了两个一级指标——服务管理和服务过程，一级指标下又分为 4 个二级指标、8 个三级指标和 30 个四级指标。其中二级指标分别为：系统服务指标体系、服务水平评估指标体系、咨询队伍指标体系、用户满意指标体系。

（2）七项评估指标

2003 年，上海交通大学的郭晶提出了三级服务质量评估指标体系，提出了七项评估指标，具体为服务系统、服务过程、回答质量、用户满意程度、服务统计、成本测度和服务开放程度，并列出了具体指标项目，还提出了网上问卷调查及统计报表分析法、层次分析法等具体的评估方法。另外，中国科学院文献情报中心的初景利博士提出从图书馆和用户两个角度来评估数字参考咨询服务，即主观和客观评估，应把主观评估和客观评估相结合，特别要重视用户的满意度，要从用户的反馈中来改进工作，更好地为用户服务。

（3）NSTL 的服务规范

2002 年底，国家科技图书文献中心在合作化数字参考咨询服务方面进行了新的尝试，推出了"专家咨询服务"项目，面向全国开展网络咨询服务，其一是建立健全规章制度，NSTL 数字化参考咨询服务系统在成立之初就制定了《专家服务规范》与《系统管理员岗位职责》。对服务基本原则、服务效率、服务质量、内部沟通、特殊问题处理等方面做出了明确的规定；其二是进行各种形式的交流和研讨，该系统不定期地召开研讨会，会上除了咨询馆员进行业务交流外，还聘请有关专家做专题报告。

（4）OCLC 项目的规范

2002 年 4 月，国家科学数字图书馆启动了"国家科学数字图书馆分布式参考咨询服务系统"（CSDL-DRD，Digital Reference Desk）研究项目，其目标是提出国家科学数字图书馆分布式参考咨询系统所采用的技术标准、管理机制以及系统设计方案，研制国家科学数字图书馆分布式参考咨询系统的试验系统，设计并实现国家科学数字图书馆的数字参考咨询系统。经过两个月的试运行及部分功能的改进，2003 年 4 月，系统正式投入运行。在其设计的系统功能里也包括了咨询质量评估的功能，根据读者评估、咨询周期长短等因素，对每一个咨询问题及其答复进行评估。CSDL-DRS 还制定了《数字参考咨询服务规范》，规定了咨询服务范围、咨询服务系统与咨询人员的反应时间、咨询服务答案的质量要求及咨询馆员的资质要求等。

7.3　质量控制的主要内容和实施过程

7.3.1　数字参考咨询质量评价的方法

（1）输出评价法

这是绩效评价法的一种类型，重点在图书馆提供的服务或产品的效果或者质量上。它是参考咨询工作满足用户需求的程度，其效果主要可以通过以下四个指标体现：

①正确答案满足率＝所提供的正确答案数／咨询问题数。

②咨询工作人时的正确答案数＝所提供的正确答案数／咨询馆员的工作时间。

③咨询传递速度＝成功的咨询服务传递时间／成功的咨询服务传递总数。

④每个咨询问题的成本＝给定时间内的咨询服务的总成本／同一时期所提供的咨询服务的正确答案的数量。

（2）隐性测试法

这是对咨询馆员解答问题的行为进行评价的方法。主要是通过馆员不自觉地回答咨询问题，把用户作为代理人，对正在发生的测试环境中的活动内容、服务情况和相关反应进行记录，这些记录将按既定的标准给出评价，从而对咨询服务的整体质量做出评价。

（3）功能输出法

指预先设定参考咨询馆员应该发挥的功能一览表，然后与实际工作中馆员所发挥功能进行比较对照，从而获得对数字参考咨询服务整体质量评价的结果。一般设定咨询馆员的功能有：咨询辅导，图书馆利用指导，特殊咨询服务，书目等工具书的编纂，数据库资源的维护和开发，文献传递和馆际互借，公关服务，科技查新等。

（4）变量分析法

指将影响信息咨询服务效率和质量的众多因素分为不同的变量，通过对不同变量特征、与数字参考咨询关联度及其在咨询服务过程中作用大小等因素进行分析，最后在统筹的基础上得出较为全面关于数字参考咨询服务质量评价的结论。笔者分析了影响数字参考咨询的各个因素，通过公式对变量进行计算分析，得出了数字参考咨询的评价结论。

（5）模糊评价分析法

采用模糊综合评价方法，对数字参考咨询质量的整体水平进行评价。模糊综合评价是以模糊数学为基础，应用模糊关系合成的原理，将一些边界不清、不易定量的因素定量化，进行综合评价的一种方法，它与概率、统计的方法是不同的。

客观事物的不确定性有两大类：一类是事物对象是明确的，但出现的规律有不确定性，例如天气状况可分为晴天、下雨、下雪，但出现规律不明确；另一类是事物对象本身不明确，例如年轻、年老、不严重等，这一类程度上的差别没有明显界限，这一类对象的不确定性与分类的不确定有关。对前一类不确定性问题，可用概率统计的方法进行研究。通过对模糊综合评价结果向量进行分析，每一个被评事物的模糊综合评价结果都表现为一个模糊向量，对不同的一维综合评价值可以方便地进行比较并排序。

（6）第三方评价法评价方法

它是指第三方进行客观评价的方法。主要有两种方法：一是设计专门的调查问卷；二是在咨询的结尾，请用户给出他们的满意度。

Temple 大学图书馆在其提供的实时咨询 TalkNow 网页上创建了一个超链接调查表，让学生提交评论。据调查，国内图书馆的数字参考咨询比较注重用户的反馈意见，提供用户反馈的图书馆占 67%。获取用户评价的途径主要有：网上意见调查（86%）、专门的问卷调查（57%）、座谈会（43%）和口头调查（29%）。

通过对咨询服务质量的评估，图书馆可以获得明确、公开、可理解的数据来支持数字参考咨询服务，确定服务资源的分配。从目前来说，数字参考咨询评估缺乏合适和创新的方法，传统咨询评估方法在数字参考环境下的效果并不清楚，需要研究和发展新的技术以适应数字参考咨询的评估，并在各种参考咨询模型中进行比较。

7.3.2　质量控制的主要内容

一是咨询过程本身的标准化，即 DRS 的方便性、及时性、明确性、指导性与交互性；二是咨询服务管理的标准化，即 DRS 要保证有高层次的咨询人员、保证用户的隐私不得随意公开、保证服务效果及时得到评估。按照细致层面分析，质量控制可以从技术方面、信息源方面、咨询人员素质方面、咨询管理方面进行控制。

（1）技术方面的质量控制

要从技术上保证数字参考咨询服务的质量，最重要的是选择合适的服务系统和软件产品。软件包括用户基本要求、接入方式、用户认证方法、软件所收录的用户基本信息的类型以及用户在线参与服务质量的调查等。要求使用的软件系统和服务器具有规范化的程序和模式，服务具有稳定性，要求系统具有不同系统之间的互操作，建立不同系统之间的无缝链接和交流，同时更需要强大的网络技术支持，提高服务器的传输速度，缩短与用户的交流时间。同时要遵循相应的技术标准，这是保证数字参考咨询服务质量的一项措施。

（2）信息源的质量控制

目前图书馆数字参考咨询使用的资源除了传统参考咨询使用的书目、索引、文摘、百科全书、年鉴等工具书资源以外，同时还体现了网络环境的新趋势：数字参考咨询的信息源突破了"馆藏"的概念，从载体形式到内容都呈现出多元化，体现着综合化与智能化的发展趋势，是数字化信息、网络信息、缩微制品、声像制品的综合利用。由于实时参考咨询中参考馆员缺乏一定的时间，所以很多时候依赖的是网络资源，大多通过搜索引擎获得信息源，因此，信息源相对缺乏可靠性。为此，要从以下几方面进行信息源的质量控制：

①充分利用网络专业数据库系统以及联机数据库、光盘数据库、电子版工具书等丰富的信息资源。

②加强网络信息资源分类导航，对各种分散的网络信息进行搜集、评估、筛选和整合，建立有序的网上虚拟资源库，并通过主页提供链接服务，充分利用网页推送技术，提供具有高附加值的服务。参考信息源的可靠性，应该看网站的权威性，明确信息源的作者和出版者的信誉，更重要的是内容规范合法。在咨询过程中，信息内容应当有明确的范围边界，具有足够的广度和深度，广度指是否涉及所覆盖主题领域的各个方面，深度指所提供的信息是包含原始信息还是只提供信息线索，另外还应注意该信息资源是否为有声望的机构或专家制作或拥有、作者是否为该领域的专家等。要利用专业的参考源，加强虚拟馆藏和网络资源的导航，利用网页推送技术，使用户熟悉资源结构和布局，提高资源质量。

（3）参考馆员的质量控制

数字参考咨询服务的质量控制不能仅仅按照解答问题的准确率来衡量，要考虑馆员与用户之间的互动过程，馆员的知识结构、权威性、信息的查询技能，交流和处理问题的经验，直接影响数字参考咨询服务的质量。馆员要有深厚的文化底蕴、广博的知识元素和较强的综合分析能力，还必须对他们在服务过程中的行为进行规范。对于坐在终端前面处理各种问题的咨询馆员来说，他们要能同时处理多个用户的提问，正确的时间管理是他们提高服务质量的关键。为此，要从以下几个方面对馆员进行质量控制：

①建立合理的人员配置模式。图书馆要更好地完成提问处理，必须建立科学合理的人员配置模式，主要包括咨询人员的组成和人员的分布结构。对于实际参与提问的人员组成，应该采取内部人员和外部人员相结合的形式。同时可以邀请一些志愿者学科专家或者付费聘请他们。

②加强咨询馆员的岗前培训。主要包括技术方面的培训、提问内容的培训、DRS管理技能等方面的培训。咨询馆员主要是通过知识发现和数据挖掘来提供增值信息服务，这就要求馆员具有娴熟的信息检索能力和丰富的咨询经验，还要具有创新能力和高尚的职业道德。对此，要求馆员除了具备咨询专业知识以外，还要具备跨学科知识；同时要求咨询馆员善于从信息资源中发掘分析整理有价值的信息，馆员还要善于调整与用户之间的互动关系。

（4）咨询管理质量控制

高质量的产出离不开科学的管理，咨询流程设计、咨询请求的分配、表单的设计、工作流程的规范，咨询队伍的建设与规模都应纳入咨询管理的范畴。为此，在咨询管理过程中要从以下几方面进

行管理:

①问题解答要有权威性,体现拓展性。权威性主要是指咨询专家的权威性和信息源的权威性。咨询服务中应该有一批不同专业领域的咨询专家,在信息检索服务中要包括专业的、富有经验的咨询馆员,这样才可以保证咨询服务质量具备相应的权威性;要在检索站点上提供能够进行咨询的专家证明,包括合作组织的咨询专家证明;尽可能在回答咨询中提供证明权威性的材料,权威性根本上是通过对咨询问题的权威解答来体现的。

拓展性指除了直接解答用户的问题外,数字参考咨询服务还应该给用户提供相关信息及可用信息源的检索途径。

A. 提供在服务内容领域使用信息的权力,包括有权使用以前所要求的问题和答案的知识基础,或者外部资源的链接或参考书目等。

B. 在网站上张贴选择政策,用来说明外部资源的选择标准。

C. 定期地评论和更新网站以确保内容的正确性,链接与参考书目的有效性,即保证 FAQs 和其他资源等的可用性。

②保证用户信息安全。用户与信息专家之间的所育交流都应该是完全保密的。要从以下几方面保证用户信息安全:

A. 制定保护个人隐私的条款并公布于主页上。

B. 在与第三方共享交互数据和身份信息时要先征得用户的同意。

C. 向公众发布信息前,要从问答环节中过滤掉所有的用户身份信息。

D. 如果公开未满18岁儿童的身份信息,要征得监护人的同意。

E. 用户和专家享有个人信息不被恶意监视的权利,系统要告诉用户什么样的数据被保留在服务器,给用户修改简介和提问的机会。隐私保护标准涉及信息收集、储备、修改、使用、散布,包括用户的知情权、选择权、控制权、安全请求权、利用限制权、隐私权等。

③服务质量要可靠。管理层应当对服务过程和服务效果进行持续的监督与评估，及时调整服务政策和资源配置，从制度上保证咨询服务的质量、效率和可靠性。

A.评价整体的服务政策。

B.分析接谈文本记录，对解答准确性及行为规范性做出评估，问题磋商过程是评估重点，因为这是影响服务质量的重要因素。评选出优秀的接谈文本，对有关咨询人员予以奖励。

C.评估咨询问题类型、数量、时间段、每次咨询时间长短、回头用户数和用户满意度。

D.评估数字参考源的权威性、准确性、客观性、范围、新颖性、时效性和适用性。

E.经常进行连线反映测试，以确保用户能随时登录检索站点。

④增加咨询服务的公知性。咨询服务机构应当尽可能地将有关消息发布给所有潜在读者，向有关的电子讨论小组发布消息，并在网络站点上发布；在有关网站上建立数字参考咨询服务的链接。

直接向本馆主要重点用户进行服务的营销，同时公开服务策略和服务方式，包括服务宗旨、提供服务的方式、服务程序、有效用户范围与性质的界定、有效提问的界定、有效回答的界定、服务开放的时间、响应时长、提问解答的过程与结果、跟踪处理、隐私保护等。这些必须以条款的形式公布，使用户对服务有个全面清晰的了解，便于形成合理期望，减少用户的疑惑。宣传要以基本的服务质量为保证，否则会造成无法承受的过多信息需求。

⑤优化服务策略。服务中为了用清晰有效的语言和适当的服务政策及程序来解决问题，应该对信息专家的效率定位和培养程序有

正确的认识，不断优化服务水平。要做到以下：

A. 提供在咨询服务原则指导下的文件撰写培训，信息专家解答问题时的快速实时反馈培训，与更多的专业人员合作解答问题的培训。

B. 确保接受培训者能掌握培训目标，保证为相应组织提供学术证明或职业进步，把每个培训者参加培训的程序制作成文件。

C. 把每个接受培训者在培训过程中和培训以后的表现制作成文件。

D. 在遵循服务准则前提下进行专家式的用户交流的培训。

⑥规范工作流程。数字咨询的形式是网上的、虚拟的，但是咨询内容却是真实的，这就需要咨询人员把读者要查找的具体内容以表单的形式反映出来，做到咨询表单设计上的规范具体，从提问到分析需求到给用户提供答案，内容都要一目了然，为数字咨询工作的下一个环节提供效率保证。同时不断更新 FAQ 知识库，减少咨询人员的重复性劳动。

7.3.3 质量控制的实施过程

服务质量决定于用户的感受，而用户对服务质量的感知取决于服务者提供的服务与用户对服务的期望进行比较的结果，也就是用户对服务的感受与其期望之间的差距。

质量控制的目标，就是用户满意，只有用户满意了，才能表明质量达到了较高层次。只有提高服务质量，才能满足用户需求。从传统的参考咨询到数字参考服务，其服务内容、模式都发生了很大变化，但满足用户需求的价值理念并没有改变。数字参考咨询服务作为图书馆信息服务的核心内容，始终要以用户的需求为依托，建立科学可行的评价指标，展开质量评价，发现咨询过程存在的问题，组织专家对问题进行分析，寻求解决的方法，有效排除影响咨询质量的障碍，建立共享知识库，构建行业标准，缩小用户期望值与实际获得服务之间的差距，提高用户的满意度和咨询服务的质量，实现图书馆的服务宗旨和价值理念。

为了让用户满意，必须分析用户的心理特点，确定用户需求模型，同时要注意咨询过程中表单的改进，强化实时咨询软件的功能，并根据不同时期的情况进行改进。

（1）分析用户需求

根据用户的年龄、职业、国籍等特点来确定用户的需求导向，确定要提供的知识库的内容，及时更新知识库内容，按照特定的著录格式对知识库进行组织，同时向用户推送经过专家评审的信息资源，了解用户的真正需求所在，通过数据挖掘等技术，分析用户需求特点，预测其需求方向，针对不同身份的用户及他们的研究进展，定期与用户联系，并向其推荐可能需要的最新信息，不断拓展和深化增值服务，提高用户对服务的忠诚度。营销承诺要保证服务质量，满足用户个性化需求，提供具有自己特色的信息产品。

（2）构建用户需求模型

首先系统收集读者的兴趣所在，读者兴趣的收集可以通过给每个读者一个 ID 号，用来收集读者的专业和大致信息需求，以便建立一个有针对性的初始读者兴趣模型，在"多层分类树"上相应的节点，设置用户初始兴趣的权值，即得到 Old Value；然后根据读者对信息资源的阅览情况以及资源之间的关联对兴趣模型中的权值进行调整和优化，即得到 New Value。用户需求是不断变化的，根据用户对资源的浏览、下载和借阅等方式来即时修改模型，达到识别读者兴趣方向和程度的目的。

需求模型的修改方法为：

$$new\ Value=old\ Value+r*t*k/D$$

该公式是改善后的需求模型，这样可以保持用户最大的兴趣点，使其兴趣因不同阅览方式的改变而发生变化，其中 r 为资源的阅览方式参数，根据方式的重要性设定一个值，t 为时间长度，k 为文献资源的关联度，假设资源本身 k 值为 1，D 为一个调节常量，用来控制不同分类兴趣增长的速度。

兴趣模型中读者的兴趣会随着时间的过去而减小，在一定时间内读者没有对某类资源进行访问，那么相应的权值减小，算法如下：

$$new\ Value=old\ Value*(1-mdate/D)$$

该公式为用户兴趣的时间模型，用户兴趣会随着时间的增长而减小，所以要根据此公式的相关系数来增加用户的兴趣值。mdate 为此类资源读者没有访问的时间间隔，D 为调节常数，用来控制不同分类兴趣值减小的速度。

通过构建用户模型，可以动态地跟踪用户的各种查询行为，了解用户的知识背景和查询历史、查询习惯，以及这些用户这些行为映射出的心理过程。

（3）优化网络表单的内容设计

网络表单克服了普通邮件的不足，它利用结构化的格式，将用户在提问过程中可能忽视的需求信息包括进来，在一定程度上减少处理过程中需澄清提问而交互的次数，同时保留了用户个人信息，为以后用户反馈评估以及个性化服务跟踪奠定基础。据美国 100 所高校图书馆提供的网络咨询表单显示，表单信息量从 2 项到 10 项，平均信息量为 5 项，基本可以包含用户提问的特征。优化以后的网络表单主要包括用户个人信息、问题相关信息、用户个人倾向信息等。用户个人信息对于正确理解和把握用户的需求水平、提供具有针对性的高质量服务是非常必要的；问题相关信息主要帮助咨询人员全面了解用户提问的主题，也可以是咨询馆员了解用户提问的目的，可以为用户提供有针对性的资源；用户个人倾向信息可以使用户根据自身需求情况有选择地填写表单，从而减少表单的烦琐性带来的用户不满。所以在设计表单时，必须要把以上三个方面设计得明确清晰。

（4）强化实时咨询软件的功能

为了保证数字参考咨询的质量，要相应地对实时咨询软件的功能特征进行有效的控制：

①要充分突出它的交流功能，因此要设置文字拼写自动检查、多语种支持等来保证咨询的质量。

②网页推送功能，可以让咨询馆员将 URL 页面发给用户，用户自行进行相关答案的搜索。

③共同浏览功能，这项功能可以帮助咨询馆员向用户演示网上查找信息的过程，同时还可以陪同用户浏览特定的在线资源，实现对用户的网络导航，从而提高咨询质量。

④排队管理功能，实时咨询软件要允许多个用户同时访问，允许多位咨询员同时提供在线服务，同时还要考虑用户提问及时转发给最适合的咨询馆员，这也直接关系到咨询服务质量和用户的满意程度。

⑤用户数据存储功能，这项功能可以分析用户的需求信息和个人倾向，有利于提高咨询质量。

⑥用后调查功能，这是系统必不可少的功能，在服务完成的同时，让用户提交一份满意度调查表单，可以为咨询服务提供有效的反馈，从而提高服务质量。

⑦日志与报表功能，咨询软件必须能收集与存储用户的咨询日志，并创建多种类型的服务报告和报表，这可以为有效地评估该项服务、改善和提高服务质量和效果提供科学依据。

7.4 数字参考咨询服务质量评价指标体系的构建

7.4.1 构建原则

评价体系作为一个有机整体，不但应从各个不同的角度反映出被评价系统的主要特征变化，还要能体现出系统的发展潜力和趋势。因此在建立数字参考咨询服务质量评价指标之前，必须首先明确指标体系的建构原则，归纳起来主要有以下几点：

（1）与评价目标一致性原则

指标体系是目标的具体化，必须充分地反映目标，要反映出评价目标的共同本质和属性。

（2）客观性原则

评价指标体系所涉及的事物属性应能真实地反映事物的本质和目标。客观地反映参考咨询服务质量水平，对指标的选择、确定、内涵解释等都要从评价目的、对象和现实状况等实际情况出发，构建具有客观性的评价指标体系。

（3）以用户为中心原则

把用户作为经营的出发点，同时又把用户作为经营的归宿是市场经济发展的客观规律。数字参考咨询服务作为整个社会信息服务业的一部分，应以最大程度地满足用户信息需求为己任，树立新的服务理念。围绕用户需求而不断创新，以用户为中心，改进服务模式和政策，随着信息需求的变化而不断变化、完善服务，以满足用户需求为参考咨询的价值取向及基本评价准则。

（4）可操作性原则

可操作性原则是设置参考咨询服务质量评价指标体系必须考虑的重要因素，离开了可操作性，再科学、合理、系统的评价体系也是枉然。在构建指标体系时，应尽量选择信息量大、切实可行、易于被专家理解和掌握的指标。

（5）简明科学性原则

评价指标体系必须能够明确地反映目标与指标间的一致关系。指标的大小也必须适宜，亦即指标体系的设置应有一定的科学性，因为指标体系过大，指标层次过多，指标划分过细，势必将决策者的注意力吸引到细小的问题上；而指标体系过小，指标层次过少，指标划分过粗，也不能反映数字参考咨询服务质量的整体水平。

（6）成本效益原则

有些评价指标项目固然很有用，但如果为了获取该指标数据所花费的成本大于其所带来的利益，一般应采取放弃指标转而用其他成本较低的替代指标项目；然而，如果该项指标确实重要，即它在指标体系中是不可或缺的，则应进行该指标数据的收集工作。

（7）导向性原则

数字参考咨询评价所具有的导向功能，决定了指标体系具有导向性。在构建指标体系的过程中，应注意采集那些最能反映参考咨询活动的价值取向、本质特征、活动特点及特色因素作为指标构成因素，以通过评价为参考咨询活动指引方向。

7.4.2　数字参考咨询服务质量评价指标体系设计与分析

在吸收国内外已有研究的基础上，本书构建了一套数字参考咨询服务质量评价指标体系。这套指标体系选取了咨询服务系统、咨询服务管理、咨询服务过程、咨询服务结果、咨询服务对象 5 个指标作为一级指标。

咨询服务系统和咨询服务管理属于数字参考服务的硬件，在数字参考咨询服务中起着重要的作用；服务过程是开展数字参考服务的关键；服务对象是数字参考咨询服务的主体，只有拥有用户才能开展咨询活动；咨询服务结果即服务绩效主要反映咨询的整个体系是否合理。

（1）咨询服务系统指标

①系统功能。该指标体现了数字参考咨询服务系统在功能上的完善程度。它衡量系统是否拥有能满足完成数字参考咨询服务的基本环境。

A.用户信息库：是整个服务系统的基础。主要收录注册用户的各项信息包括感兴趣的方向、咨询过的问题等等，以利于提供个性化的服务。

B.知识库：包括咨询案例，具有普遍意义的问题及答案等。

C.多种异步参考咨询方式：提供电子表单、邮件交互等。

D.多种同步参考咨询方式：提供在线聊天、视频、BBS 等。

E.与其他服务的衔接：能与图书馆提供的其他服务相结合，如原文传递等。

F.个性化信息服务：利用主动推送或用户定制方式将用户感兴

趣的信息推荐给用户。

G.合作咨询：能与其他数字参考咨询系统和机构联合起来，充分发挥各自的资源和人才优势，开展全天候、合作化的数字参考咨询服务。

H.学科馆员、咨询专家服务：用户可指定专家来提交咨询，并可将咨询效果反馈到系统。

②系统性能。该指标是评价数字参考咨询系统的一个重要方面，体现了系统在开发、使用方面的完善程度。可从以下几个角度来描述数字参考咨询的性能指标。

A.用户界面：系统要求具有美观、友好、简洁的界面，并且使用方便简单。

B.使用稳定：系统应该有相当的稳定性，不会出现各种由于系统原因造成的使用障碍，如因系统繁忙而不能进入某服务项目，问题调度错误等。

③执行标准。

A.问答记录形式是否符合元数据标准。

B.有无合作组织问题交换标准。

（2）咨询服务管理指标

①管理体制。

A.产业化管理：将整个服务系统作为一个产业来管理，将数字参考咨询服务与传统的参考咨询项目结合起来，深化服务内容，拓宽服务层面，积极发掘利益增加点。

B.引入营销理念：运用先进的营销理念，积极扩展用户面与服务面，力争实现更好的效益。

C.建立激励机制：建立有效的激励制度，提高工作人员和专家的工作积极性，以提供更好的服务。

②咨询馆员。

A. 人员构成：该指标体现了数字参考咨询队伍的人员构成情况，它直接影响到参考咨询的质量，其中包括职称构成、学历构成和专业构成三项。

a. 职称构成：有无正副研究员职称等。

b. 学历构成：指咨询人员的学历情况，如专科、本科、研究生等。

c. 专业构成：指参考咨询人员专业的构成情况，这里的学科门类主要指常见的学科门类，如物理、化学、数学、信息科学、生物科学等等。

B. 人员素质：该指标体现了咨询人员的基本素质状况，它直接影响到参考咨询的质量。

a. 在本学科领域具有一定的权威性。

b. 具有良好的职业精神和道德素质，能全心全意为用户服务，尊重用户的隐私权利。

c. 了解馆藏及其分布，熟悉各种检索工具。

d. 具有良好的语言表达能力、公关能力和综合分析能力。

e. 具有良好的外语水平和计算机使用能力。

C. 人员培训：指上岗的咨询人员或专家的定期培训情况。

③服务统计。

A. 登录用户信息统计：要求对登录系统的用户信息进行统计。

B. 用户满意度调查统计：通过表单、报表等各类形式进行用户满意度调查，并对调查结果进行统计分析。

C. 知识库使用统计：统计各知识库的使用情况，如使用频率，为知识库的更新、完善提供依据。

④用户隐私的保护。

A. 用户个人信息的保护：包括用户的年龄、身份、职位等。

B. 用户咨询信息的保护：如咨询的问题，回答情况等。

（3）咨询服务过程指标

该指标主要包括：参考信息源、服务效率、服务语言、服务公开程度、服务形式等五个指标。

①参考信息源。收录内容是否全面、丰富；时间跨度满足需要，具有时效性；收录内容质量好，适合问题所需。

②服务效率。系统咨询员和专家问题响应时间；系统咨询员和专家问题回复时间。

③服务语言。规范性：回复答案的语言要规范、亲切、明确、简洁。统一性：用统一的常用短语库。多语种：回答能根据内容或用户的需要，运用多种语言。

④服务开放程度。服务的地域范围，即全球服务、国内服务或对特定群体服务；服务的时间长度，即是否全天候服务。

⑤服务形式。E-mail 电子邮件咨询、BBS 留言板、Web 咨询表单、FAQ 问题库、实时解答。

（4）咨询服务结果指标

①咨询答案质量。即答案的准确率和覆盖率。

②服务绩效。该指标对数字参考咨询服务所涉及的各项支出收益情况进行测度，为进一步提高该服务的经济效益和社会效益提供一定的依据。包括工作量、用户认可程度、成本测度等。

A. 工作量：该指标主要表现数字参考咨询服务的使用情况，从一定程度反映了工作人员的工作业绩。包括接待的读者数、咨询件数、提供的信息条数。

B.用户认可程度：主要以读者对整个服务的满意度来反映。包括社会反响即参考服务在社会上所获得的公认度和赞同度。

C.成本测度：即通过数字参考咨询服务行为所获得的经济上的收益，这里主要是针对所付出的服务成本而言。

③反馈信息处理情况即用户提出的问题后的答案或服务态度的反馈予以处理的时间、速度、态度等。

（5）咨询服务对象指标

①用户满意度。用户对咨询过程和咨询结果的满意程度。

②用户培训。对用户进行定期培训。如检索或系统操作方面的培训。

7.4.3　提高数字参考咨询质量的方法和策略

（1）制定行业政策和管理规定

我国数字参考咨询在管理政策方面处于刚刚起步的阶段，行业方针的制定还不完善，图书馆可通过以下措施加强管理：

①制定服务条款。制定相应的"服务条款"和"用户须知"，并在网站上发布，让用户对图书馆的数字咨询服务内容和流程有个大概的了解，减少用户关于咨询服务本身的咨询，便于用户开展咨询活动。

②答复时间规定。规定完成咨询的基本时间，国际上一般为两个工作日，有些复杂的咨询课题若无法在两个工作日内答复的，应及时告知用户并让用户了解咨询的进度。

③实施科学的管理程序。美国 Syracuse 大学信息研究所的 Lankes 在为美国教育部教育文献信息中心（ERIC）设计 ASKERIC 服务的基础上，对如何建立和维护数字参考咨询服务的管理程序提出了一个六步法则：informing（了解）、planning（规划）、training（培

训）、prototyping（原型化）、contributing（服务支持）、evaluating（评估）。我们要按照以上步骤规划数字参考咨询的管理，以促进它的规范化，并使之沿着正确的方向发展。

（2）建立反馈渠道

数字参考咨询需要与用户建立互动关系，特别是在了解用户的要求、想法和需要等方面，必须保持畅通的信息反馈渠道，才能不断推进数字参考咨询的发展。积极畅通的信息反馈渠道，一方面可以促进咨询馆员与用户之间的联系，通过服务，了解用户最满意的服务方式、方法与效果；另一方面，可以加强咨询馆员之间的联系，通过咨询馆员之间的合作，把图书馆的人才、资源和合作机制的优势发挥出来。

（3）改善咨询队伍现有结构，完善评估与激励机制

人员队伍规模也是制约服务质量提高的因素之一。随着数字参考咨询的深入发展，用户提出深层次的研究性问题越来越多，而且其知识面涉及多个学科领域。为了提高服务质量，图书馆对在职馆员提供专业素养、服务技能等常规培训的同时，还可以吸纳更多不同专业的科技人才充实到原有的咨询队伍中，形成学科互补的咨询团队，以满足用户面向多个学科的咨询提问。建立学科馆员制度，改善现有馆员知识结构的不完整性。通过建立和健全数字参考咨询服务的评估和激励机制，加强服务过程的质量控制，努力创造出数字咨询服务的品牌。

（4）与国际接轨，实现共享

数字咨询服务是一个典型的多种资源集成的服务，VRS 的最终目标是实现在整个数字化空间中的资源共享、专家共享、服务共享，从这个意义上说，VRS 最终要走向合作联合是总的趋势，作为数字图书馆核心服务内容的参考咨询服务也必然朝着这个方向发展。从

咨询时间上看，单个图书情报机构很难做到 24/7（每周 7 天，每天 24 小时）数字参考咨询服务；从信息资源上看，若能实现全球咨询资源的共享，对各机构咨询过程中建立的结构化知识库进行整合，必然能大大提高咨询结果的完备性、权威性，使服务水平真正提高。因此，数字参考咨询标准、规范的设计和制定，还要遵循开放性、系统性、持续性、前瞻性、共享性以及可互操作性的原则。这是在不同层次上开展数字参考咨询合作，实现与国际对接的重要保证。应积极探索建立地区性、整个国家乃至全球的联合数字参考咨询服务系统，逐步实现用户无论何时何地都能享受到图书馆的专业服务。

（5）多语种化

数字参考咨询服务的联合还涉及语种的问题。如果每个图书馆都只用本国的语言开展数字参考咨询，那么走向全球联合只能是一个永远无法实现的梦想。从长远看，为了将来能顺利实现国际间参考咨询的协作，有必要要求图书馆在数字参考信息源开发、知识库建设、Web form 的设计、E-mail 回复等咨询过程中增加英文等语种版本的制作。多语种化成为数字参考咨询系统必须要解决的问题，这样才能保证各国之间的交流。

（6）与商业咨询管理接轨

从理论上讲，信息咨询是一种软性的经验和智力服务，它的本质是一种知识转移，他的价值是潜在的，只有与网络咨询行业与市场接轨，才能体现他的价值，为自己的发展创造经济效益，这样，图书情报机构的依附性和资金不足的问题才能得到解决，这也是市场经济条件下图书情报机构自谋发展的出路之一。通过寻求外脑帮助，来改善咨询者的知识结构和知识储备，在现实中，咨询者缺乏主体意识，而且需求的表达不完整，实施能力比较差。因此要对咨询进行一定的管理。要培养潜在用户，对知识进行管理，创造新型知识产品，分析市场行情，使数字参考咨询服务真正走向市场。

咨询管理应该从软件和硬件两方面入手，软件是人的思维模式和技巧，硬件是系统，主要的是对人的思维和技巧的提升。管理咨询的目的在于咨询机构以客观态度了解情况，判别数字咨询的症结所在，以建议性地提出各种可行的方案。这需要管理咨询顾问来进行此项工作，管理咨询顾问提供外部审视价值，他们用新的思维方式和新的观察角度去观察咨询机构的现状，分析存在的问题及其原因；同时用科学的态度和创新精神，去设计切实可行又有突破性的方案，借助管理咨询顾问来解决咨询机构面临的经营管理问题，要通过"外购"知识来增强咨询机构的实力，这是数字参考咨询行业发展的必由之路。

（7）对数字参考咨询进行知识管理

数字参考咨询的问题解答来自专业的咨询人员的知识积累，这些知识既包括显性知识，也包括存储在咨询人员头脑中的隐性知识，这些知识是知识管理的主要对象。如何深度挖掘咨询人员的隐性知识，让他们的智力资源得到充分的外化以达到共享，这也是咨询服务要解决的关键问题，也是咨询业知识管理的关键。进行知识管理的本质就是在咨询组织内部进行知识组织、共享和管理，运用群体的智慧提高数字参考咨询的服务效率和服务质量。其实现可以通过建立咨询专家、咨询人员和用户之间的管理平台来进行显性知识和隐性知识的共享，逐步把咨询组织发展成学习型组织，达到知识创新，更好地提高服务质量。

第8章 数字参考咨询服务的发展趋势

8.1 服务智能化、个性化

随着经济全球化和信息社会日新月异的飞速发展,信息技术、网络技术、通信技术、多媒体技术等新兴技术的不断涌现和完善,用户对信息的需求无论从广度还是深度上都必将有一个更为广阔的扩展,数字参考咨询服务也必然随之在内容、手段、方式和范围等方面呈现出新的发展态势。首先被强调的就是为用户开展智能化、个性化服务。在技术设计开发、资源采集利用、服务人员配置、服务政策制定和实施、服务理念构建和深化、管理机制运行和完善等方面都将围绕如何最大限度地满足用户信息需求这个中心而开展,形成以用户为中心的数字参考咨询服务体系。比如,在技术设计方面,就已出现了很多成果:图书馆界开发的 My Library、My Gateway 等个性化定制服务系统,提供个性化链接 (My Links) 和个性化更新 (My Updates) 服务,开辟个性化公告板服务和发展团体定制服务;数字参考咨询服务使用的信息推送技术是一种保障用户个性化信息需求的形式,通过对信息资源的分类、开发、共享利用,为各种类型用户建立个性化档案,按用户所需,以固定的信息频道自动地、动态地传送新的信息；清华同方研发的具有个性化信息服务的 TPI 数字参考咨询服务系统 2.0, 集成世界最先进的以用户为中心的智能代理技术、个性化定制技术、信息推送技术等支持个性化信息服务的技术。

数字参考咨询服务系统自动解答读者或用户问题，是人们多年来研究的课题，也取得了许多重要的进展。尽管这种具有人工智能的咨询系统至今还不够完善，但无疑是参考咨询发展的重要方向。在英国和美国，已经有一些图书馆建立了能够处理自然语言咨询的自动化系统。

个性化的数字参考咨询服务意味着更深层次、更理想的用户服务水平，是图书馆"以用户为中心"的服务宗旨在网络时代的重要体现，代表着未来图书馆更为个性化的发展方向，更为接近图书馆工作的终极目标。

8.2　服务公开化

数字参考咨询服务系统，首先对用户提出的问题进行分类，根据分类人员的判断，把问题分送到他认为合适的图书馆，这个图书馆回答之后，就将答案返给了读者，一个问题一个答案，当然这样可以提高效率，但"牺牲"了质量，答案是否全面、正确无法保障。GoogleAnswers 是一种商业性的咨询服务。当有咨询问题时，将有咨询人员接受并提供答案。这时该过程对其他人是"屏蔽"的。但当答案公布后，其他人就可以对答案进行评论，或提供其他的答案或提出修改补充（Google Answers, http://answer.google.com/answers）。这对完善一个问题的答案是非常有价值的。在非商业性数字参考咨询服务中，也有开放答案的例子。例如，Wondir 的答案就是开放性，一个问题常常有多个答案，形成对答案的补充（Wondir, http://www.

wondir.ors/wondir/jsp/index.jsp)。但应在分配问题的政策上有所考虑。对主要回答者作出规定。开放答案由多人补充，确实可以提高问题质量，但这里涉及用户的隐私权问题，有些用户并不想让更多的人知道自己的研究内容和方向，问题开放的程度应把握适当，并且事先应该得到用户的同意，而且开放答案的时间还要把握好，不要让用户在所得到的答案是否完全正确的迷惘中等待。

咨询深度将有较大发展，咨询问题的范围和深度将会随着数字参考咨询服务的发展而加强，目前的情况是：在合作数字参考咨询服务所接受的问题的深度上提高水平。普通问题大多在本地馆解决，专深问题的合作服务大量增加，更能体现知识的价值，同时提升合作本身的意义。

8.3　服务广泛合作化

数字参考咨询服务未来发展的一个重要趋势就是合作化。这有两方面原因：

第一，客观上，咨询问题日益复杂多样、服务对象和范围不断扩大、人员和资源有限以及服务时间、地点、人员配置等原因，使单个图书馆都会感到势单力薄，难以实现 24/7 的理想服务模式，难以有效满足用户的咨询需求，为了更好地提供全方位信息服务，需要图书馆等信息机构充分发挥各馆馆藏和专家资源优势，联合起来协同解答咨询问题；

第二，主观上，数字参考咨询服务的合作化与图书馆界倡导的馆际间信息资源共享一致，多年来图书馆人从不同角度研究信息资源共享问题，积累了丰富的业务合作传统和基础，如联合馆藏和联合编目等，数字参考咨询服务本身无疑是一种重要的信息资源共享方式，不仅实现了图书馆人多年的夙愿，而且在形式和理念上都丰富了信息资源共享内涵，使信息资源共享在手段和内容方面有了很大的突破。因此，数字参考咨询服务走合作化的道路是必然的和可行的，根据工作时区、资源特点、学科优势等来选择最合适的图书馆，把最佳的解答传送给最终的用户，这是数字参考咨询服务合作化的初衷。

数字参考咨询服务合作化有以下几方面需要关注：

①参与合作的伙伴多样化。参与数字参考咨询服务的成员不仅仅局限于图书馆，还包括更多机构或部门，比如合作数字参考咨询服务（CDRS）包括图书馆、学院、大学、档案馆、博物馆、历史研究会和其他任何能够通过数字化的网络提供专业参考咨询服务的机构。咨询服务方面的合作使图书馆在社会信息资源交流系统中占有举足轻重的地位；

②合作的范围和层次不同。由于服务目标、资源情况和社会地位等客观因素，目前合作性的数字参考咨询服务系统有区域性的、全国性的、全球性的、专业性的等，不同类型和性质的合作方式必然有各自不同的特点，需要进一步有针对性地研究和实践。同一个图书馆或信息机构可能是不同合作性数字参考咨询服务系统的成员，比如北京大学图书馆既是分布式联合虚拟参考咨询（CVRS）系统的成员，又是全国图书馆合作参考咨询服务（CDRS）的成员；

③合作化目前只是初步阶段，有很长的路要走，在合作的模式、技术服务协议等方面有许多问题需要明确和解决。

数字参考咨询服务代表并引导图书馆信息服务走新型的资源共享模式，将促进图书馆在资源建设与利用方面的合作，展现网络时代图书馆信息资源共享的新面貌。

图书馆与图书馆之间的合作，合作模式伸缩性更大，灵活性更强，强调因地制宜。参加已有的合作体，还是在一定业务合作的基础上自行构建新的合作体，应该根据各馆实际情况而定。

8.4　服务社会化

基于互联网环境发展起来的数字参考咨询服务，是一种开放性的服务体系，其本质是知识信息在社会环境中传递、交流与反馈的过程，它的任务是面对个性化的群体，无论是信息资源、咨询队伍，还是服务对象等都具有鲜明的社会化发展倾向。

（1）信息来源社会化

伴随咨询业务量的激增和咨询内容的繁多，大量咨询问题的解答要求图书馆必须拥有更为丰富多样的信息资源，图书馆信息资源的外延在不断扩大，而图书经费和馆藏资源的有限性制约着数字参考咨询服务的开展。因此，要充分开发和利用网络上海量的各类社会共享信息资源，将其融入图书馆馆藏文献资源体系，使之成为数字参考咨询服务的重要参考信息源，广泛、多样的资源保障系统将为数字参考咨询服务能够向读者提供全面、准确、快捷的优质咨询服务提供坚实基础。

（2）咨询队伍构成社会化

美国教育部对数字参考咨询服务的定义是"建立在网络基础上的、将用户与专家和学科专门知识联系起来的问答式服务"。图书馆参考咨询员很多还不是专家，不可能各个学科都面面俱到，总会遇到超出自身知识无法回答的问题，或者由于咨询量的剧增，使参考咨询员往往无法及时完成咨询任务。为了弥补这一缺陷，使咨询问题的解答更具准确性、可靠性和权威性，聘请图书馆以外的资深专家加入到图书馆参考咨询服务工作中将是必然的和可行的。把有知识背景的信息检索专家、参考咨询专家、社会各行业领域学科专家充实到咨询队伍中，担任兼职的咨询工作，形成数字参考咨询服务系统的专家库，协同建立咨询问题解答的保障机制，这将大大提高咨询服务质量和服务层次，取得最佳的服务效果。

（3）服务对象社会化

架构在开放性网络平台上的数字参考咨询服务，其用户将不再仅局限于到馆的或本地的用户，用户范围将扩大到整个社会乃至世界各地，所有上网的终端访问者，只要有需要咨询的问题，都可能成为数字参考咨询服务的潜在服务对象。数字参考咨询服务的用户具有匿名性，会给参考咨询馆员增加解答难度，缺乏用户背景知识，会使咨询双方沟通不够清晰，影响咨询问题的解答，这时参考馆员的责任心和理解能力显得非常重要，给用户提供优质服务才能真正赢得用户。与服务对象社会化直接关联的是用户的需求多样化，用户咨询问题的内容涉及政治、经济、文化、科技、管理等社会各个领域。可以说，数字参考咨询服务将使更多无法预见的社会成员成为图书馆信息服务的服务对象和资源的使用者，无形之中拓宽了传统概念上图书馆的服务对象范围，丰富了图书馆读者工作的内容，使图书馆的信息服务可以延伸到社会的各个角落。数字参考咨询服务通过面向政府决策、科研、企业经营与产品开发的社会化服务，将与整个社会和经济活动产生更为密切的联系，真正体现出图书馆的社会价值，将提升图书馆整体的社会地位。

8.5　服务方式集成化

数字参考咨询服务方式与内容决定了它的工作必然基于多元化的资源类型，采用多种服务方式才能提供优质高效的服务。数字参考咨询服务是典型的多资源集成式服务，具体表现在：

（1）参考信息源的利用和开发

网络环境下馆藏参考信息源从载体形式到内容都呈现出多元化趋势，不仅有印刷型信息源如馆藏书目、索引、文摘及各类检索工具书等，还有异军突起的电子型信息源如数字化的光盘、电子期刊、电子工具书、全文数据库及丰富的网上信息资源。一般认为，前者是传统参考咨询信息源，后者是数字参考咨询信息源，这种认识是片面的，首先应正确看待这两种信息源的关系，通过查阅文献对传统参考咨询信息源与数字参考咨询信息源及其检索进行的全方位比较，我们可以看出两者有共存互补的基础和必要。对俄罗斯科学院西伯利亚分院国立公共科技图书馆 1985 年至 2000 年参考咨询服务使用的信息资源结构的统计结果显示，传统信息资源与局域网和互联网上的电子资源共同构成了图书馆参考咨询服务的信息资源基础，并指出这有利于合理地对不同类型咨询问题解答。可以说，印刷型信息资源和电子型文献资源都是开展数字参考咨询服务的有效参考信息源。

美国著名参考咨询馆员马奇总结出参考咨询服务的"三 M"法则，即"资料"（Material）、"智力"（Mind）和"方法"（Method），认为资料是开展参考咨询服务的物质保证，信息源对数字参考咨询服务的重要性不言而喻。因此在建设参考信息源时必须注重传统参考信息源与电子信息源有机结合使用，还需将常用的有关网络参考咨询的学术站点加以集成，或利用有关信息采集系统和搜索引擎系统进行集成和整合，通过合理配置多载体多类型的文献资源，形成新的具有特色的馆藏优势。

（2）咨询服务方式

数字参考咨询服务主要有基于电子邮件的参考咨询服务和基于

实时交互式的参考咨询服务两种模式，它们在实现条件和服务质量保证方面各自有不足之处：比如基于电子邮件的服务，用户与咨询员之间缺乏实时交互交流，对咨询问题的理解存在障碍，咨询效果的好坏得不到及时反馈；实时交互式服务对于许多图书馆来说，所需的人员、资源、经费、技术等条件还难以具备。在咨询服务实践中明智和适时的做法是将两者结合起来，即把电子邮件、常见问题解答、Web Form、网络聊天（Internet Chat）、视频会议（Video Conferencing）、网络共享白板（Shared White Board）、网络呼叫中心（Call Center Technology）等形式结合在一起使用，这样才能满足不同用户个性化的咨询需求。

同时值得注意的是，不应草率地对传统参考咨询服务采取全盘否定的态度，考虑到网络的安全性、稳定性和普及性、链接网址困难、权限范围内获得的有效资源少、上网费用高、用户的网络操作能力、语言障碍等因素，当面咨询、传真和电话咨询、信件咨询等传统参考咨询方式完全有必要融入到虚拟环境下的参考咨询工作中，以弥补数字参考咨询服务存在的不足，以此形成更为全面集成化的数字参考咨询服务，这种融合将使图书馆的参考咨询服务在深度和广度上得以提升。

数字参考咨询服务对资源和服务的有效集成和整合，将是提高服务增值性的重要途径，也是图书馆智能化服务的一种表现。未来的参考咨询服务既不是不同服务方式的简单叠加，也不只是新增数字化服务，而是以数字参考咨询服务为主、传统参考咨询服务为辅，两者长期共存、优势互补的有机结合，通过集成的方式形成多载体信息资源、多方式传递渠道和多元化的"复合型"参考咨询（Hybrid Reference）服务模式。

数字参考咨询服务将馆藏文献和数字化资源、人力资源以及基于网络的服务等整合在一个服务平台上，面向社会提供有针对性的一站式服务，将逐渐成为图书馆拓展服务范围、改善服务手段的生长点和突破口，也是未来数字图书馆服务体系中最重要的用户窗口。

8.6　服务系统机制完善化

协作式数字参考咨询系统服务的平衡问题包括：系统各成员馆的轮流值班问题；信息需求在各成员馆之间的均衡分配问题；信息需求在学科咨询专家间的均衡分配问题；系统参与者利益的均衡分配问题。这些制度能否实现，关键要看系统的管理中心能否起到系统协调监控的核心功能。

第9章 常用中、外文电子信息源

9.1 CNKI 清华同方系列数据库

9.1.1 数据库简介

中国知识基础设施工程（China National Knowledge Infrastructure，CNKI）是采用现代信息技术，以建设社会化的知识基础设施为目标的国家级大规模信息化工程。该项目自 1999 年 6 月开始实施，由清华同方光盘股份有限公司、清华大学光盘国家工程研究中心、中国学术期刊（光盘版）电子杂志社、清华同方光盘电子出版社、清华同方知识网络集团等单位联合承担，被列为国家级"火炬计划"项目。

CNKI 已建成并通过"中国知网"发布了中国期刊全文数据库（CJFD）、中国优秀博硕士学位论文全文数据库（CDMD）、中国重要会议论文全文数据库（CPCD）、中国重要报纸全文数据库（CCND）等源数据库，以及中国基础教育知识仓库（CFED）、中国医院知识仓库（CHKD）、中国企业知识仓库（CEKD）、中国城市规划知识仓库（CCPD）、中国科学文献计量评价数据库（ASPT）等系列知识全库产品，在中国大陆各地区及中国香港、中国台湾，以及美国等地建成十几个数据库交换服务中心，在全球设立数据库镜像站点 500 多个，光盘和网上检索服务站各 1000 多个。

（1）中国期刊全文数据库（CJFD）

中国期刊全文数据库（CJFD）是目前世界上最大的连续动态更新的中国期刊全文数据库，分九大专辑，126 个专题文献数据库。

知识来源：国内公开出版的 7200 种核心期刊与专业特色期刊的全文。

覆盖范围：理工 A（数理化天地生）、理工 B（化学化工能源与材料）、理工 C（工业技术）、农业、医药卫生、文史哲、经济政治与法律、教育与社会科学、电子技术与信息科学。

收录年限：1994 年至今，7200 种全文期刊的数据完整性达到 99%。

产品形式：中国期刊全文数据库（WEB 版）、中国学术期刊（光盘版）（CAJ–CD）、中国期刊专题全文数据库光盘版。1994—2000 的专题全文数据库已出版 "合订本"，每个专题库 1—2 张 DVD 光盘。

更新频率：CNKI 中心网站及数据库交换服务中心每日更新，各镜像站点通过互联网或卫星传送数据可实现每日更新，专辑光盘每月更新，专题光盘年度更新。

（2）中国优秀博硕士学位论文全文数据库（CDMD）

中国优秀博硕士学位论文全文数据库（CDMD）是国内相关资源最完备、收录质量最高、连续动态更新的中国博硕士学位论文全文数据库。

知识来源：每年收录全国 300 家博士培养单位的优秀博 / 硕士学位论文约 8.5 万篇。

覆盖范围：理工 A（数理化天地生）、理工 B（化学化工能源与材料）、理工 C（工业技术）、农业、医药卫生、文史哲、经济政治与法律、教育与社会科学、电子技术与信息科学。

收录年限：2000 年至今。

产品形式：WEB 版（网上包库）、镜像站版、光盘版、流量计费。

更新频率：CNKI 中心网站及数据库交换服务中心每日更新，各镜像站点通过互联网或卫星传送数据可实现每日更新，专辑光盘每月更新。

（3）中国重要报纸全文数据库（CCND）

中国重要报纸全文数据库（CCND）是目前国内少有的以重要报纸刊载的学术性、资料性文献为收录对象的连续动态更新的数据库。

知识来源：国内公开发行的 1000 多种重要报纸，每年精选 90 万篇文献。

覆盖范围：文化、艺术、体育及各界人物、政治、军事与法律，经济、社会与教育、科学技术、恋爱婚姻家庭与健康。分六大专辑，36 个专题数据库。

收录年限：2000 年 6 月至今。

更新频率：网上数据每日更新，光盘每月更新。

（4）中国重要会议论文集全文数据库（CPCD）

中国重要会议论文集全文数据库（CPCD）收录我国各级政府职能部门、高等院校、科研院所、学术机构等单位的论文集，年更新 15 万篇文章，内容覆盖理工、农业、医药卫生、文史哲、经济政治法律、教育与社会科学综合等各方面。

收录来源：我国 300 个一级学会、协会和相当的学术机构或团体主持召开的国际性和全国性会议的会议论文集，包括正式出版物和非正式出版物。

收录量：近 37 万篇论文及相关资料，每年增加 15 万篇论文及相关资料。

学科范围：理科（数理化天地生）、工程学科、农林、医药卫生、电子技术、信息科学、文学、历史、哲学、经济、政治、法律、教育、社会科学。

收录年限：2000 年至今。

更新频率：网上数据每日更新，光盘数据每月更新。

另外，CNKI 中的全文文献是以其专用的 CAJ 或 PDF 格式存档的（即文件名后缀为 .caj 或 .kdh），而其学位论文存盘后的文件名后缀为 .caa，这些文件都需要用 CNKI 专用阅读软件 CAJ 浏览器，才能打开及阅读，该浏览器可从 CNKI 主页（或图书馆主页）上单击下载安装。

9.1.2　CNKI "中国知网" 数字出版平台

（1）设计理念

数字出版平台提出了全新的资源使用理念，文献检索模式，信息服务体系，构建了以总库资源超市理念为框架，以统一导航，统一元数据，统一检索方式，统一知网节为基础的资源出版平台，为资源出版商提供展示出版资源的空间，为个人用户提供定制资源、功能、服务的平台，并为机构用户提供按需定制资源服务，辅助信息组织和管理决策的平台。

①总库资源超市。

数字出版平台集成整合了各类型数据资源，形成了面向用户不同需求的九大文献出版总库，首次提出了总库资源超市的概念。总库资源超市的意义在于为数字资源出版商提供展示、出版、整合资源的平台，为各类读者，各类研究机构及行业机构提供订阅资源、情报服务的平台。

以《中国学术网络出版总库》为例，总库平台对学术数字化海量文献进行多种方式的编辑处理，将学术类文献规范为统一导航，统一检索平台，统一知网节的出版总库，并根据文献的专业类型建立专业数字图书馆，提供包括数字化学习和研究平台、统计评价分析平台、网络投稿平台在内的多种增值服务，使之成为学术资源出版商出版资源的平台，学术研究工作者进行全方位学习研究的平台，构成了大规模集成化传播学术文献的平台化网络媒体，为各类型学术文献的互联网出版奠定产业化基础。

②总库内容统一导航。

新的数字出版平台中，每个文献出版总库根据资源特点提供了统一的内容导航。新纳入文献出版总库的数据库可以按统一的内容导航加入到总库中；基于规范、精细的导航，可实现跨库统一检索，学科系统调研和主题精准查询。

以《中国学术网络出版总库》为例，根据学术文献的特点，平台在《中国图书馆分类法》的基础上，将学术文献分为 10 个专辑和168 个主题分类，并细分为 6 层近 4000 个类，使其成为一个分类清晰的汇编作品。

③跨库统一的元数据。

在数字出版平台中，每个总库平台按数据特点提取出跨库的统一元数据，新加入的每一个数据库，都需要按相应总库的统一元数据要求组织、制作和加工数据，实现总库内容整合，统一网络出版和统一跨库检索。

在《中国学术网络出版总库》中，根据学术文献库统一检索的需求，每个单库要提供如下的一些统一元数据，例如发表时间、全文、文献来源、作者、作者单位等。不同的数据库提供的数据项根据源数据情况有所不同，例如对于文献来源元数据项，学术期刊提供刊名，博士论文提供学位授予单位，硕士论文提供学位授予单位，会议论文提供会议名称，报纸提供报纸中文名，而图书则提供图书出版者。

④规范、统一的跨库检索平台。

在数字出版平台中，每一个文献出版总库根据文献的特点都提供了独立的、规范、统一的跨库检索平台。首先，新的检索平台全面超越了以往的单一的、面向单库的检索方式，在收录完整、出版更新及时、信息加工规范的文献资源的基础上，提供了面向不同检索需要、功能先进的多种跨库检索方式。不仅全面地提高了系统的查全查准率，而且可靠地支持各类文献调研与情报分析等决策活动，并可支持各级各类文献检索课程和信息素养课程的教学与研究。

以《中国学术网络出版总库》为例，根据学术文献检索的需求，平台提供了快速检索、标准检索、专业检索、引文检索、"知网节"检索、作者发文检索、科研基金检索、句子检索、知识元检索等九种面向不同需要的跨库检索。基于学术文献查全查准的核心需求，平台还开创性地提出了三步骤的跨库标准检索：首先输入检索控制条件，再输入检索内容条件，最后对检索结果分组筛选找到合适的结果。将以往散乱、低效率的检索方式转化为规范、标准、高效、可学习的检索过程，不仅使新用户可以直观地学习检索的整个流程，也为检索高手进一步提高检索能力，提高信息素养创造了空间，真正使检索变为一门可学习和研究的技能。

⑤面向个人用户的个人数字图书馆。

个人数字图书馆开创了个人使用数字资源的新局面。为个人用户提供了按需定制资源、功能、情报服务，按需配置显示模板和显示方式的平台，提供了个性化、交互式学习研究的空间。

在使用资源方面，平台不仅提供了对总库资源超市中的各种资源的定制功能，还支持对自建资源、web 资源的定制，超越了一般的 rss 订阅和本地资源定制，实现了不同资源的全方位整合；个人数字图书馆为用户提供了定制学者、定制机构、定制学术出版物、定制科研项目、定制检索式、定制投稿信息、定制学术论坛等各种情报服务栏目，并将根据用户需求提供更多个性化的服务栏目，全面满足用户学科调研及情报分析的需求。为满足个性化需要，个人馆中的每个栏目都提供了多种显示方式，个人馆还根据用户喜好提供了多种模板以供选择。

⑥面向机构用户的机构数字图书馆。

机构数字图书馆为机构提供全新的管理组织资源的方式，直接满足机构的管理、生产、经营需要。机构可以按需定制数字出版平台的资源，组织各类自建资源，定制机构相关的文献、信息、情报，并可按需定制显示模板和显示方式。

在资源使用方面，机构不仅可以定制总库资源超市中的各种资源，还可将自有资源按总库元数据需求进行标准化，整合到机构馆中进行统一管理，提供统一检索；机构馆还为机构自动定制本单位研究人员、本单位发表文献及其相关信息，促进机构内部科研交流及信息流动。机构管理者可以通过部门、个人、专辑资源使用报表，全面掌握机构内学者、单位资源使用状况，以做出更好的管理、订购决策。

⑦各类数据统计报表功能。

为了帮助资源出版商和资源订购商全局把握数字出版平台现有资源的状况以及出版发展状况，平台提供了多种数据统计报表功能。

在总库平台中，提供了针对各个文献出版总库及其下级导航的文献出版统计报表，报表中显示有关文献数据库文献来源、来源完整率、文献收录完整率、当日出版情况的统计信息，使管理者站在宏观角度了解总库资源收录情况，支持情报统计分析工作和资源订购决策。

在学术文献网络出版总库中，提供了针对各个学科数字图书馆的文献出版统计报表，帮助学者和研究者了解各个专业收录文献的概况信息。

（2）总库资源结构

平台资源按文献类型分为10个总库，每个总库包含各自的总库检索平台，平台中显示相关的子总库，提供基于这些资源的导航和检索功能。

数字出版平台所包含的总库的名称、适用读者、包含的子总库名称见下表：

表 9-1　数字出版平台

总库平台及适用读者	包含的子总库
中国学术文献网络出版总库 面向高校教育教学改革，遴选 300 多门基础和专业课程的教学研究成果、优秀教案 适用读者：各学科专业科研、技术开发、科研管理人员，高校师生，政策理论研究者与各级领导，医护人员、企事业各级主管等	中国学术期刊网络出版总库
	中国博士学位论文全文数据库
	中国优秀硕士学位论文全文数据库
	中国重要报纸全文数据库
	中国专利全文数据库
	中国标准数据库
	国家科技成果数据库
	国外标准数据库
	中国年鉴全文数据库
	中国工具书总库
	中国学术图书全文库
	中国科技引文数据库
	中国社科引文数据库
国际学术文献数据库 总库内容：整合国外合作文献数据库，提供外文文献检索 适用读者：各学科专业科研人员，需了解国外最新科研方向和成果的研究者	外文会议论文库（NSTL）
	外文期刊库（NSTL）
	外文学位论文库（NSTL）
中国经济信息文献总库 总库内容：完整、及时汇编全国经济信息类期刊，精选收录报纸重要经济新闻，向各行业经济工作者提供文献 适用读者：政、企领导，经济研究者	中国经济信息文献总库
中国高等教育文献总库 总库内容：面向高校教育教学改革，遴选 300 多门基础和专业课程的教学研究成果、优秀教案等文献 适用读者：高校师生、教育研究者、教育系统管理者	中国高等教育文献总库

续表

总库平台及适用读者	包含的子总库
中国精品科普文献总库 精选汇编书报刊科普文献，整合国内外科学数据库，向青少年、广大干部群众提供文献 适用读者：大众和大中小学生，科研、管理者	中国精品科普期刊文献库
中国精品文化文献总库 精选汇编文化类相关各类文献，适用于社会各层次，文化研究学者	中国精品文化期刊文献库
中国精品文艺作品总库 精选书报刊出版的小说、散文、诗歌、戏剧、曲艺、书法、绘画、雕刻、摄影等文献 适用读者：社会各层次，文艺爱好者	中国精品文艺作品期刊文献库
中国党建文献总库 总库内容：全面、系统地汇编整合党建类书报刊等文献，面向各级党组织提供党建工作研究和学习文献 适用读者：各级党政干部，党员、入党积极分子，民主人士	中国党建期刊文献总库
中国政报公报文献总库 总库内容：汇编各级政府的政报、公报文件，并链接法律法规和政策研究的相关文献 适用读者：立法、司法者与律师，政企主管，法学研究者，大众	中国政报公报期刊文献总库
知识元数据库 数据库内容：精选汇编专业辞典、百科全书、图谱、手册、中文词典、中外翻译词典等工具书，提供事实检索；遴选出数值、图片、表格、术语等知识元，提供知识元检索 适用读者：各学科、各行各业专业人士，专科以上学历者	中国工具书网络出版总库
	人文社科类数值型
	科技类概念型
	科技类数值型
	翻译助手双语语料库
	人文社科类概念型

在文献总库的基础上，针对各类行业用户，提供了七个知识仓库：

表 9-2　各类行业知识仓库

中国医院知识仓库 **总库内容**：为了支持医药卫生机构建设本单位全面、系统、可靠的知识信息服务保障体系，服务本单位临床、科研、教学、咨询、管理等各类医药卫生队伍的专业化、职业化建设与知识创新而建的专业知识仓库。内容范围覆盖基础医学、临床医学、预防医学、中国医学、药学、特种医学、生物科学、经营管理、图书情报、计算机及应用、医学教育与外语学习等多个学科专业。资源类型包括：期刊、学位论文、会议论文、报纸、年鉴、工具书等，共收录期刊整刊 1700 多种，其中核心期刊收全率 100% **适用读者**：适用于各级各类医院、卫生院、妇幼保健院、卫生防疫监督机构、疾病预防控制中心、卫生监督机构、社区卫生服务中心（站）、医学科研和教育机构、医药企业以及各级医药卫生管理部门等医药卫生机构	CHKD 期刊全文库
	CHKD 会议论文库
	CHKD 报纸全文库
	CHKD 博硕士学位论文全文库
	中国年鉴网络出版总库医药卫生专辑
	中国工具书网络出版总库医药卫生专辑
中国基础教育知识仓库 **总库内容**：整合出版基础教育类的学术期刊、报纸、会议论文、博硕论文 **适用读者**：中小学师生，基教研究者、管理者，学生家长，师范院校师生	多媒体素材库
	中国基础教育期刊全文数据库（完全）
	中国基础教育期刊全文数据库（高中导航）
	中国基础教育期刊全文数据库（初中导航）
	中国基础教育期刊全文数据库（小学导航）
	中国基础教育重要报纸全文数据库（完全）
	中国基础教育重要报纸全文数据库（高中导航）
	中国基础教育重要报纸全文数据库（初中导航）

	中国基础教育重要报纸全文数据库（小学导航）
	中国基础教育重要会议论文全文数据库
	中国基础教育优秀博硕士学位论文全文数据库
中国农业知识仓库 总库内容：整合出版农业科技、农业经济等涉农学科的学术期刊、学位论文、会议论文及报纸文献 适用读者：农业科研人员、农业管理人员、农业企业家、农技推广人员	CAKD 期刊全文库
	CAKD 博硕士学位论文全文库
	CAKD 会议论文库
	CAKD 报纸全文库
中国建筑知识仓库 面向建筑行业，精选486种行业整刊，300余家专业院校优秀博/硕士论文，重要会议论文，报纸，行业优秀成果、政法、标准、统计、图像等资源 适用读者：专门针对建筑设计人员的设计创新，专业技术人员科研项目选题、设计、撰写论文、成果鉴定、业内管理人员决策经营、专业人员继续教育等多方面的知识信息需要	CUAD 期刊全文库
	CUAD 重要报纸库
	CUAD 优秀博硕士论文库
	CUAD 重要会议论文库
	CUAD 设计成果库
	CUAD 景观图像库
	CUAD 政策法规库
	CUAD 统计年鉴库
	CUAD 标准规范库
中国城市规划知识仓库 面向城市规划行业，精选280种行业整刊，300余家专业院校优秀博硕士论文，重要会议论文、报纸，行业优秀成果、政法、标准、统计、图像等资源 适用读者：专门针对城市规划设计人员的设计创新，专业技术人员科研项目选题、设计、撰写论文、成果鉴定，业内管理人员决策经营，专业人员继续教育等多方面的知识信息需要	CCPD 期刊全文库
	CCPD 重要报纸库
	CCPD 优秀博硕士论文库
	CCPD 重要会议论文库
	CCPD 设计成果库
	CCPD 景观图像库
	CCPD 政策法规库
	CCPD 统计年鉴库
	CCPD 标准规范库

中国煤炭知识仓库 《中国煤炭知识仓库》是依托中国基础设施工程（CNKI 工程）积累的知识信息资源成果，根据煤炭行业特点、业务流程、产品加工流程和对知识信息的需求特点，整合我国煤炭行业的专业期刊、报纸、博硕士论文、会议论文、专利、标准等知识信息资源，为煤炭行业企业、科研机构量身定做的数据库型连续电子出版物 适用读者：专门针对煤炭行业人员的技术查询，专业工程师科研项目选题、设计、撰写论文、成果鉴定，业内管理人员决策经营，专业人员继续教育等多方面的知识信息需要	煤炭期刊全文库
	煤炭博士论文库
	煤炭硕士论文库
	煤炭会议论文库
	煤炭报纸库
	煤炭图书库
	煤炭年鉴库
	煤炭专利库
	煤炭中国标准库
	煤炭国际标准库
	煤炭科技成果库
	煤炭引文库
中国金融知识仓库 面向金融行业，精选来自 1385 种行业整刊，300 余家专业院校优秀博硕士论文，近1000 家会议单位的会议论文、报纸资源 《中国金融知识仓库》是依托中国基础设施工程（CNKI 工程）积累的知识信息资源成果，通过分析金融行业的特点和对知识的个性化需求，采用统一知识结构的专题设置，全面收录近年来金融行业知识信息，为我国金融行业企业量身定做的数据库型连续电子出版物 适用读者：针对金融行业内企业管理者、各职能部门人员学习相关专业知识、撰写论文、了解金融动态信息的需要，金融企业内部培训资料汇总，专业咨询公司查找金融行业发展状况和动态的需要	CFKD 期刊全文库
	CFKD 重要报纸库
	CFKD 优秀博硕士论文库
	CFKD 重要会议论文库
中国法律知识仓库 总库内容：整合法律类学术期刊、学位论文、会议论文、报纸、司法案例、法律法规，并进行法律知识的提炼、组织，实现法律知识产品的创作与出版 适用读者：公检法司、律所等相关法律从业人员，高校/科研院所法学研究人员，行政机关工作人员，企业管理人员	CLKD 案例库
	CLKD 论文库
	CLKD 法律法规库

9.2　重庆维普系列数据库

重庆维普资讯有限公司的前身是中国科技情报所重庆分所数据库研究中心。作为中国数据库产业的开拓者，公司自 1993 年成立以来，一直致力于电子与网络信息资源的研究、开发和应用。公司的业务范围包括数据库出版发行、知识网络传播、期刊分销、电子期刊制作发行、网络广告、文献资料数字化工程以及基于电子信息资源的多种个性化服务。

公司的主导产品《中文科技期刊数据库》，分三个版本（全文版、文摘版、引文版）和八个专辑（社会科学、自然科学、工程技术、农业科学、医药卫生、经济管理、教育科学、图书情报）定期出版，拥有高等院校、公共图书馆、研究机构、企业、医院等各类用户 5000 多家，覆盖数千万个人读者。该库在国内同类产品中，时间跨度较长，收录期刊种类及文献量较多，因而使用率较高。

公司网站"维普资讯网"于 2000 年建成，现已经成为全球著名的中文信息服务网站，是中国最大的综合性文献服务网，并成为 GOOGLE 搜索的重要战略合作伙伴，是 Google Scholar 最大的中文内容合作网站。

9.2.1《中文科技期刊数据库》(全文版／文摘版)

《中文科技期刊数据库》是我国最大的数字期刊数据库，该库受到国内图书情报界的广泛关注和普遍赞誉，目前已拥有包括港澳台地区在内 2000 余家大型机构用户，是我国数字图书馆建设的核心资源之一，高校图书馆文献保障系统的重要组成部分，也是科研工作者进行科技查证和科技查新的必备数据库。

（1）搜尽 8000 余种中文期刊，饱览 2000 余万篇科学文献

期刊总数：8000 余种。

核心期刊：1810 种。

文献总量：2000 余万篇。

更新周期：中心网站日更新。

全文质量：采用国际通用的高清晰 PDF 全文数据格式。

学科范围：社会科学、自然科学、工程技术、农业科学、医药卫生、经济管理、教育科学和图书情报。

检索方式：快速检索、传统检索、分类检索、高级检索、期刊导航。

著录标准：《中国图书馆分类法》、《检索期刊条目著录规则》（GB 3793-83）、《文献主题标引规则》（GB 3860-83）等。

技术标准：采用自主开发的海量文献搜索引擎技术，提供 B/S 方式的 WEB 数据库服务，同时支持 OPENURL 等国际标准协议，为客户单位提供异构数据库的开放连接增值服务。

版权保护：与收录期刊社直接签约，由国家主管部门监督实施版权费用支付工作，严格参照国家著作权法妥善解决版权问题。

（2）八个专辑

工程技术	一般工业技术，矿业工程，石油，天然气工业，冶金工业，金属学与金属工艺，机械，仪表工业，武器工业，能源与动力工程，原子能技术，电工技术，无线电电子学，电信技术，自动化技术，计算机技术，化学工业，轻工业，手工业，建筑科学，水利工程，交通运输，航空，航天，环境科学，安全科学
医药卫生	预防医学，卫生学，中国医学，基础医学，临床医学，内科学，外科学，妇产科学，儿科学，肿瘤学，神经，病学与精神病学，皮肤病学与性病学，耳鼻咽喉科学，眼科学，口腔科学，外国民族医学，特种医学，药学

农业科学	农业基础科学，农业工程，农学（农艺学），植物保护，农作物，园艺，林业，畜牧，动物医学，狩猎，蚕，蜂，水产，渔业
自然科学	自然科学总论，数理科学和化学，天文学，地球科学，生物科学
图书情报	文化理论，世界各国文化与文化事业，信息与知识传播，科学，科学研究
教育科学	教育，体育
经济管理	经济学，世界各国经济概况，经济史，经济地理，经济计划与管理，农业经济，工业经济，信息产业经济，交通运输经济，旅游经济，邮电经济，贸易经济，财政，金融
社会科学	马克思主义，列宁主义，毛泽东思想，邓小平理论，哲学，宗教，社会科学总论，政治，法律，军事，语言，文字，文学，艺术，历史，地理

（3）28 个专题

一般工业技术	矿业工程	石油和天然气工业	冶金工业
金属学与金属工艺	机械和仪表工业	能源与动力工程	原子能技术
电器和电工技术	电子学和电信技术	自动化和计算机	化学工业
轻工业和手工业	建筑科学与工程	水利工程	交通运输
航空航天	环境和安全科学	农业科学	医药卫生
数理科学	化学	天文和地球科学	生物科学
经济管理	教育科学	图书情报	社会科学

（4）独特功能

《中文科技期刊数据库》采用国内一流检索内核"尚唯全文检索系统"实现数据库的检索管理。"尚唯全文检索系统"是经国内专家团队鉴定一致认为达到"国内领先、国际先进"水平的检索系统，各种指标及其综合性能均大大领先于其它同类产品。

《中文科技期刊数据库》是国内首家采用OpenURL（Open Uniform Resource Locators）技术规范的大型数据库产品，OpenURL协议是一种上下文相关的开放链接框架，它实现同时对不同的异构数据库或信息资源进行数据关联，方便为用户单位提供资源的二次开发利用，例如与图书馆OPAC系统的数据关联。OpenURL协议已经成为美国国家标准。

①同义词检索。以《汉语主题词表》为基础，参考各个学科的主题词表，通过多年的标引实践，编制了规范的关键词用代词表（同义词库），实现高质量的同义词检索，提高查全率。

②独有的复合检索表达方式。例如要检索作者"张三"关于林业方面的文献。只需利用"a= 张三 *k= 林业"这样一个简单的检索式即可实现。这种通过简单的等式来限定逻辑表达式中每个检索词的检索入口，实现字段之间组配检索，是领先于国内数据库产品的。

③检索字段。可实现对题名、关键词、题名或关键词、文摘、刊名、作者、第一作者、参考文献、分类号、机构和任意字段等11个字段进行检索，并可实现各个字段之间的组配检索。提供细致到作者简介、基金赞助等20余个题录文摘的输出内容。

④五大文献检索方式。快速检索、传统检索、高级检索、分类检索、期刊导航。

特色的参考文献检索入口：可实现与引文数据库的无缝链接操作，在全文库中实现对参考文献的检索。可通过检索参考文献获得源文献，并可查看相应的被引情况、耦合文献等。提供查看参考文献的参考文献，越查越老，及查看引用文献的引用文献，越查越新的文献关联漫游使用，提高用户获取知识的效率，并提供有共同引用的耦合文献功能，方便用户对知识求根溯源。

⑤丰富的检索功能。可实现二次检索、逻辑组配检索、中英文混合检索、繁简体混合检索、精确检索、模糊检索，可限制检索年限、期刊范围等。

⑥检索结果页面直接支持全记录显示，查看信息更方便，并支持字段之间的链接。下载全文只需点击全文下载图标即可，快捷方便。

⑦详尽的镜像站管理功能。最大程度方便用户单位对资源的权限管理、使用情况分析、管理分析。管理员可远程登陆服务器察看统计信息。具有详细的统计功能：可按时间段、IP段、用户名进行统计，以及流量计费用户的收费情况等。

⑧个性化的"我的数据库"功能。使用者可以通过注册个性化的标识名，使用"我的数据库"功能，包括期刊定制、关键词定制、分类定制、保存检索历史以及查询电子书架等功能。

（5）PDF全文数据格式

《中文科技期刊数据库》全文数据全部采用国际通用的PDF标准格式。通过JBIG2双层压缩技术，将原来的图片全文转换为可文本化的PDF全文，原版的浏览使用效果加上方便的文字再利用，最大方便用户使用，无论下载、阅读、拷贝都更加方便快捷。

技巧提示：

①需要PDF阅读器才能打开维普PDF全文数据。建议使用Adobe Reader 5.0以上版本的阅读器，以支持更好的功能。

②在PDF阅读器中，可以对一篇或多篇同路径下的全文文本进行"全文搜索"，只需点击"文件"工具栏上的"搜索"按钮，即可实现。可对文章内容进行注释，或在某处插入书签等。更多高级功能，不再赘述。

9.2.2 《中文科技期刊数据库》(引文版)

文献评价、科学家评价、研究机构评价、期刊评价、职称评定等等，都需要引文检索。《中文科技期刊数据库》(引文版)以全文版为基础开发而成，主要检索 1989 年以来国内 8000 多种重要期刊（含核心期刊）所发表论文的参考文献，是国内检索期刊种类最多的引文数据库。该库可独立实现参考文献与源文献之间的切换检索。用户若同时购买了全文数据库和引文数据库，还可以通过开放接口将引文检索功能整合在全文数据库中，实现引文检索与全文检索的无缝链接操作。

《中文科技期刊数据库》(引文版)是科技文献检索、文献计量研究和科学活动定量分析评价的强力工具。

（1）产品参数

文献来源：8000 多种重要期刊（含核心期刊）。

收录年限：1989 年至今。

文献总量：源文献 482 万余篇，参考文献 2000 余万篇。

更新周期：每周。

数据增量：50 余万。

学科范围：社会科学、自然科学、工程技术、农业、医药卫生、经济、教育和图书情报。

表 9-3 《中文科技期刊数据库》(引文版) 学科范围

社会科学	马克思主义、列宁主义、毛泽东思想、邓小平理论；哲学、宗教，社会科学总论，政治、法律，军事，语言、文字，文学、艺术，历史、地理
经济管理	经济学，世界各国经济概况、经济史、经济地理，经济计划与管理，农业经济，工业经济，信息产业经济，交通运输经济，旅游经济，邮电经济，贸易经济，财政、金融
教育科学	教育，体育
图书情报	文化理论，世界各国文化与文化事业，信息与知识传播，科学、科学研究
自然科学	自然科学总论，数理科学和化学，天文学、地球科学，生物科学
农业科学	农业基础科学，农业工程，农学（农艺学），植物保护，农作物，园艺，林业，畜牧、动物医学、狩猎、蚕、蜂，水产、渔业
医药卫生	预防医学、卫生学，中国医学，基础医学，临床医学，内科学，外科学，妇产科学，儿科学，肿瘤学，神经病学与精神病学，皮肤病学与性病学，耳鼻咽喉科学，眼科学，口腔科学，外国民族医学，特种医学，药学
工程技术	一般工业技术，矿业工程，石油、天然气工业，冶金工业，金属学与金属工艺，机械、仪器工业，武器工业，能源与动力工程，原子能技术，电工技术，无线电电子学、电信技术，动化技术、计算机技术，化学工业，轻工业、手工业，建筑科学，水利工程，交通运输，航空、航天，环境科学、安全科学

（2）检索界面

引文检索平台包括两个检索界面：源文献检索和参考文献。两个检索界面可互相切换。检索者通过检索参考文献获取源文献，该数据库中的源文献来自 8000 余种重要期刊（含核心期刊），总量达 482 万余篇，检索者也可以直接检索这 482 万余篇文献所引用的

2000万余篇参考文献。检索者可以查看参考文献的参考文献，越查越老，或参看引用文献的引用文献，越查越新，实现文献关联漫游，提高知识获取的效率。

（3）著录标准

《中国图书馆分类法》、《检索期刊条目著录规则》（GB 3793-83）、《文献主题标引规则》（GB 3860-83）。

（4）检索字段

K关键词、J刊名、A作者、F第一作者、S作者机构、T题名、R文摘、C分类号（源文献检索入口界面）、I题名、N刊名、W作者（被引文献检索入口界面）等多个检索字段。

（5）检索方式

可实现多次的二次检索、逻辑组配检索，提供按专辑导航、刊名导航、中图分类法导航检索等多种检索方式，可进行精确/模糊检索、限定期刊范围和检索年限。

9.2.3 《外文科技期刊数据库》（文摘版）

维普公司出品的《外文科技期刊数据库》提供1992年以来世界30余个国家的11300余种期刊，800余万条外文期刊文摘题录信息。对题录字段中刊名和关键词进行汉化，帮助检索者充分利用外文文献资源。并联合国内20余个图书情报机构提供方便快捷的原文传递服务。完全满足中小型图书馆、科研机构对外文文献资源的需求。

（1）产品参数

期刊总数：11300余种。

文献总量：800余万条。

更新周期：每周。

数据增量：100 余万条。

收录年限：1992 年至今。

学科范围：涵盖自然科学、工程技术、农业科学、医药卫生、经济管理、教育科学和图书情报七大专辑。

检索方式：提供基本检索、二次检索、逻辑组配检索、分类导航检索等多种方式。

检索系统：提供树型分类导航系统，可在选定学科范围内进行检索和浏览。具有 A 作者、T 题名、D 文摘、J 刊名、N 刊号、ISSN 号、U 任意字段等检索入口。

检索结果：检索结果为文本格式，包括标题、作者、刊名、ISSN 号、刊号、出版国、文摘、馆藏等信息。

（2）更多通过文摘信息获取全文的技巧

①直接向维普公司索取原文。

②通过在本数据库中检索出来的馆藏信息，向最近的图书馆索取原文。

③把检索出来的文章题名输入 google、yahoo 等搜索引擎，可能会搜索出这篇文章的全文。

④以友好的方式向刊发这篇文章的期刊编辑部请求原文。

⑤在互联网上检索作者的名字，很可能在这个作者的博客、网站或介绍中附有这篇文章的原文。

⑥在互联网上检索这个作者的联系方式，直接写信给他进行学术交流，并索要这篇文章的全文。

9.3　万方数据库资源系统

9.3.1　数据库简介

万方数据股份有限公司是由中国科技信息研究所以万方数据（集团）公司为基础，联合山西漳泽电力股份有限公司、北京知金科技投资有限公司、四川省科技信息研究所和科技文献出版社发起组建的高新技术股份有限公司。是国内第一家以信息服务为核心的股份制高新技术企业，是在互联网领域，集信息资源产品、信息增值服务和信息处理方案为一体的综合信息服务商。

万方数据库资源系统是由北京万方数据股份有限公司建立的国内大规模的综合性信息数据库系统，具有很高的参考价值和检索价值。它是建立在因特网上的大型科技、商务信息平台，内容涉及自然科学和社会科学各大专业领域。万方数据库系统由学位论文全文子系统、会议论文全文子系统、数字化期刊子系统、科技信息子系统以及商务信息子系统5大系统构成。

（1）学位论文全文子系统

中国学位论文全文数据库资源由国家法定的学位论文收藏机构中国科技信息研究所提供，并委托北京万方数据股份有限公司加工建库，收录了自1977年以来，我国自然科学领域博士、博士后及硕士研究生论文，其中文摘已达38万余篇，首次推出最近3年的论文全文10万多篇，并且每年新增全文3万篇。

（2）会议论文全文子系统

国内权威机构的学术会议论文全文数据库。收录了国家一级学会在国内组织召开的全国性学术会议近2000个，数据范围覆盖自然科学、工程技术、农林、医学等 27 个大类。

（3）数字化期刊子系统

数字化期刊子系统目前集结了理、工、农、医、人文等 5 大类的 2500 多种科技期刊，实现了全文上网。主要的期刊类型有：中华医学会系列杂志、大学学报、科学普及期刊、科技类文库、英文版期刊等。

（4）科技信息子系统

科技信息子系统是面向科技界的完整综合信息系统。数据库资源包括科技文献、科技名人、政策法规、中外标准、成果专利、台湾系列库、商务与贸易、公共信息 8 大类。汇集科技、经济、金融、文献生活与法律法规等 110 多个数据库，记录总数达 1300 万多条。

（5）商务信息子系统

商务信息子系统面向用户推出工商资讯、经贸信息、资讯服务、商贸活动等服务内容，其产品《中国企业、公司及产品库》累积记录 16 万条。

9.3.2　数据库检索

万方数据库资源系统各个数据库的检索方法基本相同，数据库的检索可以分为一般检索和专业检索，一般检索可以采用字段检索、全文检索以及高级检索（逻辑检索）；专业检索支持布尔检索、相邻检索、截断检索、同字段检索、同句检索和位置检索等全文检索技术，具有较高的查全率和查准率。

（1）一般检索

用户可以按照需要，选择相应的数据库进行检索。单击数据库名称后，进入该数据库检索页面，显示内容包括该数据库的简要介绍、记录样例以及检索提问表单。

数据库检索提问表单是用户向检索系统提交检索要求的窗口。

字段选择下拉列表框：可单击下三角按钮选择字段，确定检索入口。

关键词文本框：用于输入检索关键词。

逻辑运算选择下拉列表框：用于确定两个检索关键词之间的关系。选项有"与""或""非"。

执行按钮：按用户的检索要求提交系统，正确填写检索提问表单可以实现对单一数据库的字段检索、全文检索以及高级检索。

（2）专业检索

用户可对选定的数据库进行专业检索，在单个数据库检索页面上，单击专业检索，即可进入其检索页面。

专业检索页面需用户建立检索表达式。

①检索表达式说明。

教授：检索含有检索词"教授"的记录。

教授＊英语：检索同时含有检索词"教授"和"英语"的记录。

教授＋英语：检索含有检索词"教授"或"英语"的记录。

教授／（60）：检索字段60中含有检索词"教授"的记录。

教授（a）英语：检索同一字段中既含有"教授"又含有"英语"的记录。

张＄：右截断检索，以"张"字开始的记录字段值。

②检索词的类型。

可以使用两种类型的检索词来形成一个检索式。这两种检索词是精确检索和右截断检索词。

A. 精确检索词。

精确检索词可以是某一数据库的任一可检索词（项）。另外必须注意：如果检索词中含有括号或逻辑运算符"*""+""—""（G）""（F）""$"或以数字开始的检索词必须用双引号引起来，以免引起错误。

　　B.右截断检索词。

　　由于某种原因，用户可能并不知道某一检索词的精确拼写法，而只知道一个词根。这种情况下，用户只需要给出一个检索词词根，而不必给出一个确定的检索词。右截断检索词用在词根后紧跟一个"$"符来表示。

　　（3）字典检索

　　进入《学位论文全文数据库》，单击检索界面的"字典检索"链接，即可进入字典检索页面。用户只需在"词头"文本框中输入检索词的开头部分，单击"确定"按钮，系统就会反馈数据库中收录的所有以该字或词为词头的字典词及其词频数。选中一个或多个字典词前的复选框，即为标记字典词，单击页面右下角的"字典检索"按钮，系统自动检索数据库，各个字典词之间是逻辑"或"的关系。

　　（4）分类浏览检索

　　单击页面上的"浏览数据库"链接，对全库进行浏览。在检索页面的下方还提供了分类检索，在各大类下又分出若干子类。单击相应的子类，系统反馈该类下的所有论文记录。

　　（5）检索结果显示及处理

　　命中记录默认的显示格式为论文名录。主要提供论文的题名、授予学位、授予单位、出版时间等信息。用户可以通过选中论文记录前的复选框来标记记录，然后在每页底部的显示格式下拉列表框中选择重新设定记录的显示格式，再单击"显示选择记录"按钮即可。在论文名录格式下单击某篇论文的篇名，能看到这篇论文的全部信息。

9.4　超星数字图书馆

9.4.1　数据库简介

超星数字图书馆由北京世纪超星信息技术发展有限责任公司投资建立和维护，被列为国家 863 计划中国数字图书馆示范工程项目，2000 年 6 月正式开通和运行。数字化馆藏 30 多万册，设文学、历史、法律、军事、科学、医药、工程、建筑、交通、计算机和环保等 50 余个图书馆。

每一位读者通过互联网都可以免费阅读超星数字图书馆的图书资料，凭超星读书卡可将数字图书下载到用户本地计算机上离线阅读。而校园网内任何一台网络计算机终端都可通过校园网免费下载图书。第一次阅读前请先下载并安装超星浏览器，并下载注册码，即可直接检索。如果需要使用个人书签功能，请先进行新用户注册并登录。

9.4.2　数据库检索

（1）分类检索

超星电子图书数据库根据《中图法》分类，单击所需检索的类目，在其下会出现该类目所包含的子类，单击子类即可显示与子类相关的所有图书。

（2）单项条件检索

在主页左侧的信息检索栏内，提供 4 种检索途径：姓名、作者、索书号和出版日期。利用单项条件检索能够实现图书的书名、作者、出版社和出版日期的单项模糊查询。一些范围较大的查询，建议使用该检索方案。例如要查找作者为"金庸"的书，只需在下拉列表

中选择"作者"选项，在上面的检索文本框内输入"金庸"，再单击
"查询"按钮即可。

如果已知所查找的图书所属种类（见分类检索），还可对检索范
围进行限制，这样可以提高检索速度。

（3）高级检索

在信息检索栏右下角单击"高级检索"按钮，即弹出"高级检
索"对话框。与单项条件检索类似，它包含 4 种检索途径：书名、
作者、索引号和出版日期。但这 4 种检索途径可以进行组配，逻辑
关系默认为 AND。利用高级检索可以实现对图书的多条件查询，对
于目的性较强的读者推荐使用。

9.5　EBSCO 外文期刊库

9.5.1　数据库简介

EBSCO 是美国的一家私营公司名称的首字母缩写，该库为一站
式文献服务机构，是世界上最大的期刊和全文数据库的生产、代理
商，能为全球文献资料收藏者提供订购、收藏、使用和检索等一系
列完整的解决方案。

文献来源：主要以美国为主的期刊、报纸及电视和收音机的全
文新闻副本，其中期刊全文 6000 余种，且相当一部分期刊为 SCI、
SSCI 的来源期刊。

覆盖范围：涉及自然科学、社会科学、人文和艺术科学等各类学
科领域。EBSCO 公司所经营的数据库常见的有 ASP（Academic Search
Premier，综合性学术期刊数据库）、BSP（Business Source Premier，综
合性商业资源数据库）、ERIC（Educational Resource Information Center，

教育资源信息中心）、MEDLINE（医学文献数据库）、NS（Newspaper Source，报刊资源库）、PDC（Professional Development Collection，职业开发收藏库）、RBN（Regional Business News，地区商业出版物）、TTI（Textile Technology Index，纺织技术文摘数据库）、HTI（Hospitality & Tourism Index，旅馆、餐饮、观光库）、AHI（American Humanities Index，文学、学术和创新期刊书目参考文集库）、CMMC（Communication & Mass Media Complete，通信和大众传媒数据库）、WMB（World Magazine Bank，世界杂志库）、Animals（动物库）等。

收录年限：很多期刊回溯到 1965 年或期刊创刊年，最早可追溯至 1918 年。

9.5.2　功能设置

EBSCO 数据库的检索功能众多，不仅提供基本检索（Basic Search）、高级检索（Advanced Search）、主题检索（Subject Search）、出版物检索（Publication Search）、索引（Index），还有图像检索（Image Search）、参考文献检索（Reference Search），并设有智能链接功能，如参考文献链接功能（Linked References）等。此外，EBSCO 检索结果的显示格式也多样化，有 XML、HTML、PDF，并可直接打印、电子邮件传递或存盘保存，同时还可以直接查询该期刊在国内的馆藏情况。

9.5.3　EBSCOhost 检索

我国高校及科研单位图书馆只是联合采购了 EBSCO 公司的部分数据库，通过 EBSCOhost 进行检索服务，在此仅以 ASP 为例加以介绍。ASP 是世界上最大的综合学术性数据库，提供近 4700 种学术出版物的全文，其中包括 3600 多种同行评审的刊物。学科几乎涵盖学术研究的每个领域，截止到 2003 年底的统计，社科和科技期刊各占 50%，见下表。且所提供的内容信息最早可追溯至 1975 年。此数据库通过 EBSCOhost 每日进行更新。

表 9-4　ASP 期刊分类统计

航空和空间科学	52	经济	118	法律和犯罪	182
农业	77	教育	639	图书馆和信息科学	68
健康	273	电学	64	文学和文艺评论	261
人类学	184	能源	21	海洋学	60
考古学	57	工程技术	289	数学	126
建筑设计	44	环境科学	264	医学	775
区域研究	256	种族和文化研究	204	音乐	35
艺术	114	食品与营养学	77	护理学	163
天文学	37	同性恋研究	40	哲学	133
生物学	511	性学	107	物理学	133
商业	106	科学通论	106	政治和政治学	357
化学	159	地理学	63	种群研究	38
通信和媒体	130	地质学	100	心理学和精神病学	402
计算机科学	269	历史	356	宗教和神学	199
消费者健康	89	国际关系	172	社会学和社会工作	612
军事和防御	77	语言学	112	职业研究	17

　　用户既可通过图书馆主页中"电子资源"栏目下的 EBSCO 外文期刊超链接进入，也可直接访问镜像服务器的 IP 地址：search.china.epnet.com。

（1）选择数据库

EBSCOhost 网站支持多文档检索功能，用户可选单一数据库也可一次性选择多个数据库进行检索，在检索过程中还可随时更换数据库。无论哪种方法，只要选中数据库名前的复选框并单击"继续"按钮即可进入检索界面。

注意：同时对多个数据库进行检索可能会影响某些检索功能或数据库的使用。例如所选多个数据库使用了不同的主题词表，则无法使用主题检索功能。

①基本检索。

只提供一个检索文本框，用户在此可根据课题需要，输入检索提问式。其检索规则如下：

布尔逻辑检索：可用算符 and、or、not 和优先级进行检索，其执行顺序为 not>and>or。

截词检索：不支持前截断；使用"*"号表示后截断，如 comput *；使用"?"表示中截断可替代任何一个字母或数字，如 wom?n。

位置检索：N 表示两词相邻，顺序可以颠倒；W 表示两词相邻，但顺序不能改变；且 N 和 W 都可以用数字表示两词中间相隔词的数量，如 information W2 management 的检索结果可以包括 information management、information technologies and management 等。

如果两个关键词之间无逻辑算符，则按照固定词组处理。

字段限制检索：可以使用字段代码进行限制检索，例如作者—AU、文章题名—TI、文摘—AB、主题—SU、数据库存取号—AN、国际统一刊号—IS、图像—FM、作者提供文摘—AS。作者的输入按"姓，名"格式，如 AU Wiley，Ralph。

②高级检索。

提供 3 个关键词文本框，可输入 3 组关键词或检索提问式，并可为每组关键词限定检索字段，指定各组关键词之间的逻辑运算关系。

检索方法：在检索文本框中根据需要选择检索字段，输入检索词或检索提问式，选择逻辑算符，最后单击"检索"按钮。

每次在高级检索中单击"检索"按钮进行新的检索，都会在历史记录表中产生一条新的检索历史记录。每一条历史记录有一个编号，可以用这个编号代替检索命令用于构建检索提问式。

用历史记录构建提问式也会在历史记录表中产生一条新的历史记录。

可以打印和保存历史记录表，以便再次检索时使用。

保存检索历史前，用户须申请个人账号。

③主题检索。

所谓主题检索就是在正规的叙词表中检索。首先，为帮助用户准确地确定叙词表中的主题词，既可以按叙词字顺浏览确定，也可以在"浏览"文本框中输入相关词进行快速浏览确定。然后从中选择叙词，并单击"添加"按钮，这样规范化的叙词就自动输入到"查找"文本框中了。最后单击"检索"按钮即可检索。

④出版物检索。

出版物检索有 3 种方式：按字母顺序、按主题和说明、匹配任意关键字。

⑤图像检索。

方法：在"查找"文本框中输入检索词或检索表达式，如 china。

可利用页面下面的限制结果确定要检索的图片，这些选项有：Photos of people（人物图片）、Natural science photos（自然科学图片）、Photos of places（某一地点的图片）、Historical photos（历史图片）、Maps（地图）或 Flags（国旗）。

数据库默认状态下为在全部图片库中检索。

⑥参考文献检索。

参考文献检索可帮助用户扩大检索范围，可从引用作者、引用题名、引用来源、引用年限等多个方面进行检索。

⑦索引。

索引可从著者、标题、公司实体、地理术语、登记日期、刊名等 18 个方面进行浏览并检索。

（2）检索结果处理

①收藏夹。

无论使用何种检索，检索结果系统中都有一个临时的个人收藏夹。在每次检索的过程当中，检索者可随时将需要进一步处理的文章存入收藏夹中，以便检索完成后集中处理。

在检索结果页面，单击"添加"图标可将选中记录加入收藏夹。此时，收藏夹显示"文件夹中有对象"。单击它可显示所有加入到收藏夹中的文献记录。

②电邮、存盘、打印。

对收藏夹中的检索结果和单篇文献均可进行 E-Mail 发送、存盘、打印等处理。

• E-mail：单击"电邮"链接，即可发送题录、全文等信息，也可以发送可进行书目信息管理的文献题录形式。

• 存盘：可以保存全文、保存链接和保存书目信息。

• 打印：PDF 格式的全文请用 PDF 浏览器提供的打印功能打印。

文本格式的全文可使用数据库提供的打印管理器打印。打印管理器会对全文进行格式化，并将结果显示在一个单独的窗口中，然后就可以用浏览器提供的打印功能打印文章了。

9.6　Engineering Village 2 文摘数据库

9.6.1　数据库简介

Engineering Village 是由美国 Engineering Informarion Inc. 制作的工程类电子数据库，Engineering Village 2（简称 EV2）是第 2 版。EV2 在原有工程索引数据库（Ei Compendex）的基础上，增加了美国专利数据库、欧洲专利数据库等，又链接了因特网专用科技搜索引擎 scirus。

Ei Compendex 一直是全球最全面的工程类文摘数据库，包含选自 5000 多种工程类期刊、会议论文集和技术报告的超过 8000000 篇论文的文摘信息。数据库涵盖工程和应用科学领域的各学科，涉及核技术、生物工程、交通运输、化学和工艺工程、照明和光学技术、农业工程和食品技术、计算机和数据处理、应用物理、电子和通信、控制工程、土木工程、机械工程、材料工程、石油、宇航、汽车工程以及这些领域的子学科与其他主要的工程领域。网上可以检索到 1970 年至今的文献，数据库每年增加选自超过 175 个学科和工程专业的大约 250000 条新记录。数据库每周更新数据，以确保用户可以跟踪其所研究领域的最新进展。

9.6.2　主要检索途径

EV2 主页左栏上部是数据库介绍，下部是可选择的数据库。右边灰色部分为检索界面，主要提供主题检索途径。

EV2 的检索体系建立在主题检索的基础上，提供 Quick Search（快速检索）、Easy Search（简单检索）和 Expert Search（高级检索）

3 种检索途径。默认检索页面为快速检索方式，有多种限制项可供选择；检索结果要求精确时宜选用高级检索（或专家检索），对结果要求不严格时可选用简单检索。单击右上的深蓝色标签，可以选择简单检索或高级检索方式。

（1）快速检索

快速检索页面 SEARCH FOR 提供了 3 个主题词输入文本框，后两个文本框左边提供了逻辑算符 AND、OR 和 NOT 下拉列表列，每个主题词右边的下拉列表中提供了检索词的限制字段，如所有字段、学科 / 题目 / 文摘、文摘、著者、著者单位、题目、分类号等共 15 项。

表 9–5　SEARCH IN 的 15 项限制字段

英文	中文内容
All fields	所有字段
Subject/Title/Abstract	学科 / 题目 / 文摘
Abstract	文摘
Author	著者
Author affiliation	著者单位
Title	题目
Ei Classification codeEi	分类号
CODEN	刊名代码
Conference Information	会议信息
Conference code	会议代码
ISSN	国际连续出版物代码
Ei main heading	Ei 主标题词
Publisher	出版者
Serial title	刊名
Ei controlled term	Ei 受控词（叙词）

检索部分有 LIMIT BY 的三个限制选择栏，分别为"All document types""All treatment types""All languages"，可以对检索结果的文献类

型和语种进行限制，见下表。

表 9-6　LIMIT BY 的内容

英文	中文含义	英文	中文含义
All document types	文献类型	General review	一般性综述
Core	光盘版期刊论文	Historical	历史
Journal article	期刊论文	Literature review	评论
Conference article	会议论文	Management aspects	管理方面
Conference proceeding	会议录	Numerical	数值
Monograph chapter	专题论文	Theoretical	理论
Monograph review	专题综述	All languages	语种
Report chapter	专题报告	English	英文
Report review	综述报告	Chinese	中文
Dissertation	学位论文	French	法文
Patents（before1970）	专利（1970 年前）	Germen	德文
All treatment types	处理类型	Italian	意大利文
Applications	应用	Jjapanese	日文
Biographical	传记	Russian	俄文
Economic	经济	Spanish	西班牙文
Experimental	试验		

限制字段选项下面有 SORT BY，用以对检索结果的排序方式进行选择，可以选择按时间排序，也可选择按相关度排序。

检索页面右边的 Browse Indexes 区域，可提供从 Author（著者）、Author affiliation（著者单位）、Controlled term（叙词）、Series title（刊名）、Publisher（出版者）等途径进行检索。

（2）简单检索

简单检索页面只有一个检索文本框，可以任意输入关键词。

（3）高级检索

高级检索也只有一个输入文本框，但文本框内可输入逻辑检索式，因此功能更强大而灵活。为了方便逻辑检索式的编写，文本框下方设有 Search Codes 表，列出了各检索字段的缩写代码。

9.7 ISTP 数据库

9.7.1 数据库简介

美国科学情报研究所的网络数据库（Web of Science Proceedings，WOSP）由 ISTP（科学技术会议录索引）和 ISSHP（社会科学及人文科学会议录索引）两大会议录索引组成，我国高校及科研单位采用局域网范围的 IP 控制使用权限，只有 IP 地址属于订购单位局域网范围内的用户才具有访问权。因此在校园网内的用户既可通过图书馆主页中的 ISTP 科技会议录索引超链接进入，也可直接访问该库的 IP 地址（isiknowledge.com）。单击其左下方的 ISI Proceedings 链接，即可进入该库检索主页。但要注意数据库并发用户数为 5 个，读者检索后请尽快退出，以便他人连接（退出时请单击 LOG OUT 按钮）。

文献来源：包括一般性会议、座谈会、研究会、讨论会、发表会等的会议文献，但无全文。

覆盖范围：ISTP 专门收录世界各种重要的自然科学及技术方面的会议，涉及学科基本与 SCI 相同。

收录年限：从 2003 年至今。

9.7.2　功能设置

WOSP 数据库除具有快速检索、一般检索和高级检索的功能外，还可通过注册登录，保存、打开自己的检索历史，创建引文通知。WOSP 数据库还设有许多智能链接功能，如参考文献链接功能（Cited References），并可直接链接到 ISI Highly Cited.com 高引文检索，也可与 http://www.thomsonisi.com 站点相链接。且每次的检索结果和检索式都会自动加入到"检索历史"中，并可打印、存盘、输出、电邮和订购。

9.7.3　检索方法

WOSP 数据库可提供快速检索、一般检索和高级检索 3 种检索方式。

（1）快速检索

这是最简单的一种检索方式，只要在检索主页上方的 Quick search 文本框中输入检索词或检索提问式，无须对检索条件加以限制，单击 GO 按钮即可。

（2）一般检索

单击主页左上方的 GENERAL SEARCH 按钮，即可进入一般检索界面。一般检索提供 6 个检索文本框，可分别从主题、著者、著者单位、文献出处（例如刊名或书名）、会议和地址字段进行单一检索，也可进行组配检索，字段之间的关系为逻辑"与"。

在一般检索中，既可对检索字段进行限制，也可对检索语言（30 余种）、文献类型（论文、艺术展品、参考书目、书评、讨论、社论、会议等）加以限制，系统默认状态下为在所有语言及各种文献中检索，也可在各自的列表中选择某一种加以限定。

① TOPIC（主题词）。是指在论文的题目、文摘和关键词中检索，也可选中 Titel only 复选框。

● 检索时可输一个词组或一个词，如 global warming。

可使用截词检索符号和不同拼写法的词，系统用"*"取代任意长度的字符串，用"?"精确地代替一个字符，用"$"取代零或一个字符。

● 对于两个以上词组进行检索，要用检索算符 AND、OR、NOT 或 SAME 进行组配，AND、OR、NOT 算符可以对不同主题字段进行检索，而 SAME 算符只能对同字段进行检索。

● 连字符可作为空格来处理，如输入 IL-2，可检出 IL-2 和 IL2，但检不出 IL2；输入 IL2，可检出 IL2 和 IL-2，但检不出 IL2。为了将没有连字符和空格变化的词都检全，可这样输入：IL-2 OR IL2。

● 使用 SAME 算符还可查找包含所有格的短语。

注意：输入格式不分大小写。对于频繁使用的一些词，如 a、an、the、of 和 in 作为禁用词。

② AUTHOR（著者 / 编者）。是指图书的编者和会议录的著者。其检索规则如下。

● 姓名输入格式不分大小写，检索结果均一样。

● 先输著者姓，再输著者名的首字母（著者名最多限定为 15 个），姓和名之间要空一格。也可以只输入著者姓检索。多名检索可使用检索算符 AND、OR、NOT。

● 使用截词可检索各种不同拼法的姓名。

● 使用截词"$"还可检索著者姓中的空格、连字符和撇号。

● 对于姓氏不详的著者可用缩写 anon 进行检索。

　　③ GROUP AUTHOR（著者单位）可在 GROUP AUTHOR 文本框中自行输入，最好单击旁边的 group author index 链接；可按字母浏览著者单位，对其要检索的单位单击 ADD 按钮，即可添加到最下方的框中；再单击"OK"按钮，又可自动添加到 GROUP AUTHOR 文本框中。

　　④ SOURCE TITLE（文献出处）。在此可输入来源题目的全称或部分（可以截词形式），或单击旁边的按钮 full source titles index 链接，按字母浏览来源题目，对其要检索的出处单击 ADD 按钮，即可添加到最下方的框中，再单击 OK 按钮，就可自动添加到 SOURCE TITLE 文本框中。其检索方法与著者单位基本相同。

　　文献出处的输入规则如下：

　　• 若输入的是部分来源题目，可在词的末尾使用截词符"*"。若一次输入多个题目，可使用逻辑算符 OR 进行组配检索。

　　• 只能在主书名或主刊名中检索，不包括丛书名和子刊名。

　　• 书刊名与丛书名或子刊名之间用连字符"–"分离。

　　⑤ CONFERENCE（会议）。会议字段包括会议名称、会议地址、会议主办者及会议日期，只要输入有关的关键词即可。通常为了查找某一特定的会议，可用 1—2 个词进行 AND 组配检索。

　　若要查询某一特定的会议论文，可同时用会议名和主题词进行检索，或同时用会议名和著者进行检索。

　　注意：在会议字段中不能使用 SAME 算符进行组配检索。

　　⑥ ADDRESS（地址字段）。所谓地址字段就是在作者地址的机构名或地方名中检索。

　　• 由于数据库中的地址字段包括作者来源文献中所提供的全部地址，所以只要使用 SAME 算符在同一地址中检索即可，如输入 Novartis SAME Barcelona，可在同一地址中检索某作者提供的

Novartis 和 Barcelona 两词；输入 Harvard SAME Med，则可把某作者在地址中提供的 Harvard Medical School 也检出。

● 地址字段中的机构名或地址频繁地使用一些缩写词。用户可以单击旁边的 abbreviations 链接，启用专门的缩写地址一览表，为使用户输入的缩写词准确可靠，可从缩写地址一览表中复制缩写词，然后粘贴到一般检索的 ADDRESS 文本框中即可。注意这里的缩写词只是原文作者提供的，并不一定符合缩写词标准。

● 某些机构在来源文献中所提供的地址缩写不止一个，为了防止漏检，可用 OR 算符将同一机构中不同的缩写地址组配起来。

（3）高级检索

这是一种最复杂的适合专业人员的检索方式，必须使用字段和集合号进行组配检索。

①高级检索步骤。

● 在文本框中输入检索提问式，必须使用字段的二字代码和集合号打头。

● 选择限定条件，即检索语言和文献类型，也可从下拉列表中进行多项选择。

● 单击 SEARCH 按钮，可检索到匹配的记录。

● 检索结果全部显示在检索历史列表中，在此也可查看以前的检索结果，并能使用集合号进行检索。注意检索按时间倒叙排列。

②字段使用。

● 每个检索词（可以是一个词或一个词组）前都要用一个二字代码的检索字段和等号打头。

● 截词、禁用词在此同样适用。

● 多词用同一检索符号操作，应用括号将其括起。

● 在同一字段和不同字段输入检索词时，都可用 OR、AND 和

NOT，但 SAME 不能用在不同字段中的组配。

- 在同一检索式中不能同时使用集合号与字段组配检索。

9.8 Elsevier Science 电子期刊

9.8.1 数据库简介

荷兰 Elsevier Science 公司是世界知名的出版商，其出版的期刊是世界上公认的高品位学术期刊。从 1997 年开始，Elsevier Science 公司推出名为《Science Direct》的电子期刊计划，将该公司的全部印刷版期刊转换为电子版，并使用基于浏览器开发的检索系统 Science Server。这项计划还包括了对用户的本地服务措施 Science Direct Onsite（简称 SDOS），即在用户本地服务器上安装 Science Server 系统和用户购买的数据，同时每周向用户邮寄光盘更新数据库。在我国从 2000 年 1 月开始，诸多高校和科研单位图书馆采用集团购买的形式分别在清华大学和上海交通大学建立了 SDOS 镜像服务器，向用户提供 ElSevier Science 电子期刊的服务。授权用户既可通过图书馆主页上的 Science Direct Onsite 电子期刊库超链接进入，也可直接访问镜像服务器的 IP 地址 http://www.sciencedirect.com。

文献来源：1800 余种全文电子期刊。

收录年限：最早可追溯至 1823 年。

覆盖范围：以理工为主，兼收社会科学学术期刊，其学科覆盖了 24 个大类。

9.8.2 功能设置

Science Direct Onsite 电子期刊库既有浏览功能又有检索功能，

并可建立个性化的收藏夹，定制喜爱的期刊，设置各种 E-mail 提示等个性化服务。其全文显示格式有两种：HTML 和 PDF 格式，可直接打印，也可电邮传递或存盘。用户可以按照检索、期刊、文摘库、图书、参考、我的收藏夹和通知等栏目进行检索和浏览。

9.8.3 期刊浏览

ScienceDirectOnsite 提供了 1800 余种联机期刊，既可按刊名字顺浏览，也可按刊名关键词浏览，还可按刊名学科浏览。

在其主页中部为期刊字顺浏览框，在此可输入刊名关键词，也可按字顺浏览。注意系统在每种期刊前面都放置了一种文本图标，分别用绿、黄、白、红 4 种颜色，表示已订购期刊、免费赠阅期刊、未订购期刊和合作网站期刊，对于冠有白色标记图标的期刊，只能通过信用卡订购的形式获取期刊全文。

在主页右边为期刊按学科字顺排列的一览表。

无论何种浏览方式，单击刊名后，都可进入该刊所有卷期的列表，进而逐期浏览。

9.8.4 禁用词表

所谓禁用词就是在检索系统中不能用来作为检索的词。Science Direct 系统中的禁用词包括经常使用的冠词（the、an 等）、人称代词（he、she、we、they 等）、动词（be、is、was 等）和部分连词（as、because，if，when 等）。

但要注意以下几种情况：

① and 和 or 为组配算符，没有列入禁用词表，在用 and 或 or 连接的词组进行检索时，为了与组配算符区别，可用空格。如查找

profit and loss，可这样输入 profit loss。

②同样 not 也不是禁用词，但在检索中要用引号将其保留下来，例如要查词组 not contested，可这样输入 "not" contested。

③in 和 a 也不列入禁用词表，为了检出含有这些词的词组，应全部照输，如检索 one in a million，按原样输入 one in a million 即可。

④如果在检索过程中，无法确定一个词是否是禁用词，可在检索词中省略或用相邻位置算符 "W/nn"。

9.8.5　检索方法

系统提供快速检索、基本检索和高级检索三种检索方式。

（1）快速检索

快速检索区位于 Science Direct 页面的上方，随时可进行快速检索。在 Quick Search 文本框中输入检索词，右侧的下拉列表框是一个变量字段，会随着浏览查询内容的不同而发生变化，如果处于浏览状态下会显示所有全文来源、所有期刊、某种期刊、某一卷／期、所有全文期刊等，如果处于检索状态下则只局限在文摘、题目、著者和关键词字段。

①支持 AND（与）、OR（或）、AND NOT（非）检索。

②如果在 Quick Search 文本框中输入多个词，系统默认它们的关系为 AND 算符，如输入 foreign relation country，系统将分别按逻辑 AND 执行检索。

③为了精确地检索某一词组，需使用引号标记，如 "cat food"。

（2）基本检索

单击页面上方的 Search 标签，即可进入检索界面。单击检索选项卡右侧的 Basic 选项卡，即可进入基本检索模式，其实系统的默认设置即为基本检索。首先确定各种条件限定：字段限定（文摘、题目、关键词、著者、刊名/书名、题目、参考文献、国际标准期刊号、著者机构和全文）；数据源（期刊、文摘库、图书）；学科（全部学科即24个学科），可选其中的一个或多个；年限限定（从 1823 年开始至今）。然后在检索文本框中输入检索词，最后单击 search 按钮即可。

检索显示界面按序号、题目、出处、著者以及内容摘要、全文和链接、PDF 格式的超链接显示。

基本检索除具备快速检索的一些功能以外，还应依照下列规则。

①可用布尔逻辑算符 AND（与）、OR（或）、AND NOT（非）构造检索提问式。

②对于大多数词，只使用单数形式就可检出单复数。

③无限截词符用"!"，它表示检索同输入词起始部分一致的词。

④有限截词符用"*"，系统使用几个"*"，就代表在此位置上最多允许有几个字母发生变化。

⑤著者姓名检索可用以下几个例子说明：

• 使用位置算符 W/n，表示两词间可插入少于或等于 n 个单词，且前后词顺序任意。

• 系统用空格表示缩写姓名的缩写点。

• 使用截词算符，查全各种书写的姓名。

⑥特殊书写字体或分子式的查询规则。

• 检索希腊字母，可用英语拼写字母替代。

• 对于签名、题字或分子式的查询，均在一行内输入。如要查化学分子式 H_2O，可输入 H_2O。

• 检索带有音调标记的单词和没有音调标记的单词一样对待。如要检 Fúrst，只需输入 Furst 即可。

● 对没有阿尔法字母的特殊符号，如连字符、括号、星号、箭头、剑号、加减号等，就没有一定的规则而言，在检索中可被忽略。

（3）高级检索

单击页面上方的 Search 标签，即可进入检索界面，再单击检索选项卡右侧的 Advanced 标签，即可进入高级检索模式。基本检索只能限定在某一字段内进行检索，如果要在两个或两个以上的字段进行检索，就必须使用高级检索，即高级检索不受字段限定，但数据源、学科、年限限定均同基本检索。

高级检索除与基本检索一样的功能以外，还应遵守以下检索规则：

①由于无字段限定，因此使用了许多位置算符弥补。

● 用 w/nn 算符表示两词间可插入少于或等于 nn 个单词，且前后词序任意。w 表示 within，nn 代表 1—255 个词序位置。

● 用 NOT W/nn 算符查找，表明查找的两词不在指定的词位置内出现。

● 用 PRE/nn 算符表示，查找的两词前后位置固定，并保持相差在 nn 个单词以内。PRE 表示优先执行，nn 代表 1—255 个词序位置。

● 用 W/SEG 算符表示查找的两词出现在同一字段内。此处的字段可以是题目、作者、参考文献等等。如 lesion W/SEG panereatic。

②检索算符执行顺序

在高级检索过程中，当使用多于一个以上的检索算符时，按以下顺序执行：

● OR

● W/nn

● PRE/nn

● NOT W/nn

- W/SEG
- NOT W/SEG
- AND
- AND NOT

此外，还要按下列规则执行：

如果使用了两到多个相同的算符，检索顺序从左到右；

如果使用了不同的 nn 算符时，较小的数字先执行（如果数字相同，其执行顺序从左到右）。

9.9 Springer Link 电子期刊全文库

9.9.1 数据库简介

Springer 为德国施普林格（Springer-Verlag）的缩写，它是世界上著名的科技出版集团，通过 Springer Link 系统提供学术期刊及电子图书的在线服务。我国工程文献信息中心于 2002 年组织全国近 600 家高校及科研单位，联合购买了 Springer Link 电子期刊的使用权。服务方式采用镜像服务，授权用户既可通过图书馆主页上的 Springen Link 超链接进入，也可直接访问镜像服务器的 IP 地址 http://springer.lib.tsinghua.edu.cn。

文献来源：目前 Springer Link 所提供的电子期刊接近 2500 种，其中全文期刊 500 种。

覆盖范围：24 个学科专题包括艺术和设计、生物医学、企业管理、化学、计算机科学、经济学、教育、工程学、环境学、地理学、地质学、人类学、法律、生命科学、语言学、数学、医学、制药、哲学、物理学、人口学、心理学、社会学和统计学。

9.9.2　功能设置

Springer Link 信息服务的用户可以在印刷版期刊出版之前就访问该种期刊的电子版。在每种电子期刊中，用户既可以浏览又可以检索，并可定制喜爱的期刊，接受期刊目次表通知服务等个性化服务。

9.9.3　浏览

单击 Springer Link 主页上方的 BROWSE 栏目，即可进行浏览期刊和图书。在此既可按出版物浏览，又可按在线图书馆浏览。

（1）出版物浏览

出版物浏览中又分两种情况可供选择，有期刊也有丛书，可选其一，也可都选，单击 Browse 按钮以后，即可按出版物的字顺进行浏览，也可从右下方出版物字顺表中有选择性地浏览。注意：凡出版物或题名或栏目前面标注眼镜图标的，均可阅读到全文，否则只能看到出版物封面、论文题名、著者、单位、文摘、关键词等信息。

（2）在线图书馆浏览

在线图书馆浏览与出版物浏览有所不同的是按以下 11 个学科进行浏览：行为科学、生物医学和生命科学、商业与经济学、化学和材料科学、计算机科学、地球和环境科学、工程学、人类学社会学和法律、数学、医学、物理学和天文学。

9.9.4　数据库检索

（1）一般检索

一般检索位于 Springer Link 主页最上方，一般检索是在 SEARCH FOR 文本框中输入关键词，在其右边的 RETURN 下拉列表框中可选择文章、出版物、出版者三项，最后单击 GO 按钮，则可进行检索。

一般检索规则如下：

①使用算符 NEAR 相当于 AND 算符，可把前后相邻的词都检出。但使用 NEAR 时，检索结果执行顺序优先于 AND 算符执行。

②使用 OR 算符，可检出并列（平行）概念的词。

③著者检索只输入姓即可，名在检索过程中常被忽略。检索结果一般只列出三个著者，分别用逗号分隔。

④可在检索结果中再次进行检索即二次检索。

⑤在文章字段中不支持单一词的检索。

（2）高级检索

高级检索位于 Springer Link 主页右上方，单击 ADVANCED SEARCH 链接，即可进入高级检索界面，此处有三种检索选项：引文检索、全文检索、出版物检索。

高级检索除具备一般检索功能外，还有以下几条：

①系统使用"*"号检索具有同一前缀（字头）的词。

②系统使用"＊＊"号可检出一个词的各种时态形式。

③如只让搜索引擎按字面检索，就要选择 Exact Phrase 检索。

④搜索引擎对一些常用词，如 the 和 is 作为噪音词，在检索过程中忽略不记。

此外还可单击 Springer Link 主页上方的 FAVORITES 和 ALERT 栏目获取一些个性化服务，如定制喜爱的期刊、接受期刊目次表通知服务等，但必须先进行个人注册。

第 10 章　联合数字参考咨询探析

10.1　国内外联合数字参考咨询服务实践成果分析

目前，数字参考咨询正呈现合作共享化模式，以便在人力资源有限的基础上提供更全面的服务。合作参考咨询（Collaborative Reference Services），又称联合参考咨询、协作分布式参考咨询等等，是由多个信息服务咨询机构利用协同网络建立合作关系，充分利用各自的信息资源优势和专家人才优势，提供尽可能多的时间，持续不断地、分散地接受本地或来自其他图书馆的各种咨询请求，并借助合作系统的协调机制对这些请求分别寻求合适的解答路径获取答案。合作共享化模式能充分体现知识管理理论指导下的参考咨询服务的优势，重视共享信息、知识及人力资本。

联合数字参考咨询则是由多个图书情报机构联合起来基于网络虚拟平台为用户提供更广泛的数字参考咨询服务，从而实现馆际资源共享、提升图书馆服务能力。通过在线的相关专业专家的解答为用户提供不间断的跟踪服务，是一项能集中体现网络技术、信息资源和咨询馆员优势的新型参考咨询服务。互联网的快速发展改变了人们了解信息和获得知识的途径，当今大数据时代，"互联网+"的政策倾向性推广，以及信息技术、知识经济等的巨大冲击，图书馆不得不转型升级，以重新评估自身的知识传播价值与社会总体价值。如今众多图书馆已难以仅仅依靠自身的力量，来全面满足日益增长的用户信息需求，并且此矛盾越来越突出。无论是其服务对象还是业务模式，均受到了极大挑战，究其原因有二：一是用户信息需求在内容上千变万化，二是用户信息需求在时空上随时随地。面对此，单个图书馆要提供全天候数字参考咨询服务需要投入大量的人力、财力、物力等成本，日渐难以独善其身。为了既能尽可能地满足用户的各种信息需求，又能降低运营成本、减少重复性建设、扩大社会效益，图书馆联合数字参考咨询服务必然成为图书馆数字化发展的主要业务之一。目前，国内外已出现少数区域性图书馆联合数字参考咨询服务模式，且得到了一定程度的推广与应用，如"Ask A Librarian""QuestionPoint""Virtual Reference Desk""网上联合知识导航站""CALIS 虚拟参考咨询系统""全国图书馆参考咨询联盟网"等国内外典型联合数字参考咨询服务模式，有效缓解了上述矛盾，同时也为国内其他省份构建区域性联合数字参考咨询服务提供了参考。

联合数字参考咨询服务（Collaborative Digital Reference Services，下文简称 CDRS），是指由两个或两个以上图书馆联合起来开展的，将传统单馆数字参考咨询服务转变为基于联盟式的服务模式，各成员馆之间采用集中式与分布式相结合的形式，集中式体现在从用户角度出发所有资源是集中在一个统一的平台上，分布式是从成员馆咨询服务角度出发，所有资源是分布在不同区域、不同图书馆的不同数据库中。这种联合虚拟组织的构建能够整合各个成员馆的优势资源，并敦促各图书馆相互之间取长补短，优化本地馆藏结构，减少重复性建设，促进服务资源体系的共建与共享。

10.1.1　国外联合数字参考咨询优缺点分析

在信息化和资源共享的时代背景下，联合参考咨询服务蓬勃发展。国外已涌现出多个成功的大型联合参考咨询系统，其中应用比较广泛的有：

① QuestionPoint（http://www.questionpoint.org/）。前身是 2000 年 1 月美国国会图书馆实施的 CDRS（Collaborative Digital Reference Services）项目，2002 年 6 月由美国国会图书馆和 OCLC 合作开发，提供实时咨询和表单咨询，系统功能全面、不断升级，给予成员馆多方面的选择和个性化定制，并提供多语种全球化合作，吸引了大批高校图书馆、公共图书馆等信息咨询机构加入。截至 2010 年底已经有 30 多个国家和地区的超过 2000 所机构成为其成员馆，并提供超过 20 种不同语言的支持，是名副其实的全球最大的联合参考咨询系统。我国也有高校加入采用该系统，如清华大学的图书馆虚拟参考咨询系统（THLVRS）嵌入了 QuestionPoint 实时咨询模块，作为英文版表单咨询界面和咨询馆员的后援知识库。但因界面汉化得不完全、中文咨询专家少、利用率不高、价格昂贵等诸多问题，国内图书馆先后退出使用。美国很多州的联合参考咨询采用 QuestionPoint 系统软件，如 "Ask us 24/7"。

② Ask an IPL2 Librarian。前身是 1995 年由美国密歇根大学信息管理学院的教师及该校的图书馆员开发的互联网公共图书馆（Internet Public Library，IPL），在 2010 年 1 月与图书馆员互联网索引（Librarians' Internet Index）合并后成立。提供表单咨询，咨询员为经培训的专业图书馆员志愿者和图书馆学的研究生，致力于为用

户提供相关的网络上权威的、可以免费获取的资源。

③日本图书馆协作参考咨询数据库（Collaborative Reference Database，CRD），是以日本国立国会图书馆为主导，由全国的公共图书馆、大学图书馆、专门图书馆等组成咨询服务的主体，根据全国各图书馆每日的参考咨询记录而构建的联合数据库。截止到 2012 年 8 月末参加馆数达 567 所，其中公共图书馆达 348 所，大学图书馆 153 所，专门图书馆 46 所，国立国会图书馆 11 所，其他馆 9 所。

④加拿大、法国、德国等都有开展的联合参考咨询项目。如 Ask Ontario，加拿大安大略 18 所公共和 10 所大学图书馆联盟，采用 LivePerson 软件；Ubib.fr（http://www.ubib.fr/），法国 17 个大学图书馆合作提供实时咨询服务（9:00am—7:00pm）和 E-mail 咨询（48 小时内回复）。各大咨询系统根据自身的条件选择适用的软件，集成自己的服务平台，服务多以本地馆为主，也允许咨询其他成员馆。

通过对以上国外联合参考咨询系统进行调查分析，发现他们的服务远超过文献传递和检索的范畴，对问题的指导属于知识服务的范畴。在咨询中用户的提问常常涉及生活、工作、研究的各方面，如：Is it safe to drink from plastic bottles?（KBID 175718）、Where can I find movies for a blind friend?（KBID 96733），咨询员进行知识的搜索、总结后回答，回复内容包含：问题的答案、知识检索的策略（可以让用户自行检索查看）、包含问题答案的主要相关资源和来源出处等。

以问题 Can aspirin help prevent breast cancer? 为例，咨询员的回复如下：Some studies have suggested that taking aspirin might reduce the risk of breast cancer. I can only provide you with the citations to some of those studies that you will want to read for yourself. I got these citations by doing a search in PubMed at http://www.pubmed.gov [June2003].

My search strategy was:

aspirin AND breast neoplasms AND prevention AND (clinical trial*
OR cohort OR casecontrol) – the last part is because I specifically wanted
to find research studies.

On this date (05/16/03)，I received 13 hits with this search.

Here are five of the most pertinent results: ...

这些联合参考咨询系统服务非常便捷，多提供 24h/7d 服务，实时咨询响应速度快，服务内容全面，技术先进，组织管理较统一，服务效果比较显著。

（1）优点

①内容系统、丰富的知识库。面对大量用户时，自助式的知识库浏览或查询变得非常必要和省力。知识库的内容如何筛选和统筹设计，做到全面、实用、可靠、趣味，都与学科馆员丰富的经验和深厚的专业素养分不开。如"Ask an IPL2 Librarian"按年龄段细分或按咨询问题类型、主题细分，对每一个领域提供周到全面的知识资源，有非常好的指导价值，完全称得上是"知识的宝库"。如它对儿童用户提供直观的卡通图案界面，里面涵盖儿童成长和感兴趣的各个方面问题：参考资料（作业帮助、百科全书、老师和家长参考资料、礼仪、传记等）、我们的世界（五大洲、海洋、历史、世界各地的语言等）、健康和营养（疾病和药物、锻炼、食物和营养、身体、心灵等）、计算机和网络（适合家长和老师的计算机和网络资源、搜索引擎和导航、网页设计）、阅读区（漫画和有趣的画面、创意写作、神话和寓言、诗歌和儿歌等）、数学和科学（航空航天、实验和科学展览项目、地球科学、数学、物理和化学等）、艺术和

音乐（建筑和城市、博物馆等）、体育和娱乐（各种球类、滑雪、登山、舞蹈等）、有趣的东西（艺术品和手工、游戏活动等），提供相关网络资源的深度导航，可以为孩子或家长、老师提供细腻的指导、解决方案或者建议。其知识库设计处处体现"以用户为中心"的原则，能很好地把握不同用户的特点，提供容易接受的、有共鸣的、专业化的知识指导，可以达到非常好的知识传递、吸收、转化、解决问题的效果，远远超过了文献信息传递的范畴。很多参考咨询系统没有真正意义的知识库，而是以咨询问题的"问—答"记录取代，而咨询问题容易个性化，不系统，所以组织时除按照时间顺序排列外还采取主题分类的方式，增加问题之间的内在联系，方便用户浏览。

②内容日渐丰富的服务平台，人性化的导航和引语。如：联合参考咨询系统 QuestionPoint，咨询平台上除提供咨询用户感兴趣的内容，也为图书馆加盟提供了详细的参考信息，如提供"Success stories"，通过具体的实例让人了解已加盟的众多图书馆是如何利用 QuestionPoint 开始和提升他们的在线参考咨询服务，具有示范和吸引其他图书馆加盟的作用。另外，对专业术语的解释，适合大众的理解，让其了解该项服务的作用，认同其价值。如"Ask an IPL2 Librarian"的表单咨询界面上方提示"Need an answer fast?Hundreds of our most popular questions and answers are listed on our Frequently Asked Questions pages.Want to know more about how the "Ask an IPL2 Librarian" Service works?This service runs 24 hours/day, 7 days/week during most of the year. Our Ask an IPL2 Librarian Holiday Closure Schedule shows when this service is unavailable or limited."通过简短的引语，用户就可以更好地理解"Frequently Asked Questions"的含义，

为节省时间而愿意浏览该页面。

③不断发展的在线咨询支持技术。

一是在线咨询全程监控技术。QuestionPoint 允许图书馆管理员监视任何在线咨询过程，这是一个很好的训练工具，管理员可以协助和指导新馆员开展咨询，以对用户不可见的方式发送私人信息或建议，也可以直接与用户对话。同时，为防止新图书管理员与用户在线会话时不确定该做什么，监控管理员可以以作为图书管理员完全相同的方式直接向顾客发送聊天信息和网页，这是一项监督和提高咨询效果的安全技术。

二是协同浏览（Cobrowse）技术。作为在线实时咨询的重要交互和演示方式，正逐渐成为主流。它提供给用户一个便捷的可视化窗口，使参考咨询过程对用户更透明，操作过程不再单一地依靠文字解说，而实现同步演示，更方便、快捷的交流。如 QuestionPoint 的协同浏览在实时咨询主界面右边，左边是对话，右边大约 80% 的页面都用来显示协同浏览的页面或操作，非常清晰直观，用户可同步看到咨询员推送的资源和检索过程，对操作或结果有疑问时可随时进行交流沟通，并能跟随学习检索技巧，起到在线培训的重要作用。

三是咨询进程的显示技术（排队技术）。实时咨询过程中咨询员的人数是确定的，而用户的数量则是不确定的，业务繁忙时经常出现多个用户同时咨询一位馆员的情况，像医院里常出现的排队看医生现象。所以咨询进程显示技术就很好地让用户知道咨询的受理情况，显示目前你在排队中的位置，以便合理地安排等待时间，或者选择表单咨询。

四是多语种参考咨询技术。为推动咨询合作的全球化，更好地面向不同国家和地区的用户，方便其使用，一些系统推出了不同语言的服务界面，容纳不同语种的知识库，支持不同语言的知识库检索等功能。这对扩大系统的使用范围，促进咨询事业全球化发展具有积极的推动作用。此外，还有良好的问题调度机制，能将收到的问题自动转发给拥有该馆藏资源、适合回答问题的成员馆等等。

（2）不足

Ask a Librarian 的不足：①成员馆采用轮流值班制，同一天只有一家成员馆值班难以满足海量增长的用户信息需求，对成员馆咨询馆员的信息素养要求也相对较高，且各成员馆未就自身的资源实现共建共享，只靠当天轮值馆独当一面，所给出解答的质量难以保证。②虽然用户可以根据自己的需求随时随地提问，但是成员馆咨询馆员只在工作时间响应，不能提供 7×24h 服务。

QP 的不足：虽然 QP 在当今来看确实能力强大、适用范围较广，但随着科学技术的发展与相关经验的不断积累，QP 在实际使用中已表现出不太适应来自全球内成员馆的一些问题，诸如在中国，语言不通、中文资源偏少、费用昂贵、使用率较低等问题日益凸显，且我国北大、清华、北航、中山大学图书馆等先前已加盟的高校图书馆也因此而相继退出。

10.1.2　国内联合数字参考咨询优缺点分析

（1）网上联合知识导航站（简称 CORS）

该站是我国最早开展联合数字参考咨询服务的网站。自 2001 年 5 月运行以来，结合上海地区图书馆事业发展实际，融合网络信息资源，依托各种现代信息搜索技术，整合了相关领域内一批杰出的中青年专家作为咨询馆员。通过竭力开发和利用本地及网络云资源，实现上海各类型图书馆参考咨询服务的优势互补，充分发挥图书馆的经济职能。其服务对象已遍及海内外，为谋求更好的发展机遇，自 2005 年 7 月始，加盟成员馆范围不断扩大，导航站汇同香港岭南大学、澳门大学以及新加坡国家图书馆等资源，聘请了国内及美国一些高校和公共图书馆的杰出专家作为专业咨询馆员，目前已同国内外多家图书馆建立了合作关系。

优点：①咨询方式。CORS 异步咨询只提供表单和短信咨询，并且明确告知所有用户该站不提供扫描、复印、邮寄等各种原始文献传递服务，声明该站有别于网上其他任何形式的 BBS，不提供讨论和聊天等非专业类活动。②专家解答。CORS 提供了"专家咨询""合作馆咨询""地方文献咨询""家谱咨询""中小企业服务""房地产咨询""新加坡咨询""台北市立图书馆咨询""市民数字阅读推广活动咨询"等特色型专家档案库，用户可以根据自己的需求选择每项咨询服务所对应的专家进行表单提问。③知识库已分类可检索。CORS 根据问题所属学科，将问题归为马克思主义、列宁主义、政治、经济、文化、农业科学、工程技术等类，并且提供了按问题检索和按回答检索两种检索方式，形成了已分类可检索的知识库。④已开通移动互联网终端参考咨询服务（微信公众号）。

不足：①咨询方式单一，异步只提供了表单和短信咨询两种方式，尤其是移动终端服务只有表单提问，且同步实时咨询只在工作时间开放。②知识库更新显滞后。以马克思主义、列宁主义、毛泽东思想、邓小平理论一类知识库为例，截至 2016 年 12 月，最后一次更新时间为 2015 年 6 月 17 日，2011 年至 2015 年中，2013 年中断，更新频率明显较低。③"中小企业服务""新加坡咨询""台北市立图书馆咨询""市民数字阅读推广活动咨询"尚无专家档案库。

（2）CALIS 虚拟参考咨询系统

CALIS（中国高等教育文献保障系统）联合虚拟参考咨询系统（简称 CVRS）（http://cvrs.calis.edu.cn/public/Kb/KbsSearchUser.do）由本地咨询系统（包含本地咨询台、知识库）和中心咨询系统（包含总咨询台、中心调度系统、中心知识库、学习中心）两大部分构成。迄今为止本地虚拟参考咨询服务已表现得较为完备，随着系统的不断完善与发展，CVRS 致力于构建本地服务与联合服务相结合的、多馆协作的分布式联合虚拟参考咨询服务模式，建立并维护更新知识库与学习中心，进而真正实现随时随地 7×24h 服务。

优点：①两级分布式架构，可使各加盟成员馆和中心馆既可以独立开展工作也可以联合通过中心调度系统实现任务的分配与自由调度。②集各种交互式技术于一起，如文本交谈、同步浏览、页面推送、桌面共享、音频传送、白板交互等较为适应新的信息技术发展的咨询手段。③有着功能强大的实时与非实时问题调度模块，所调度问题可依据问题本身所属学科类型，或者成员馆值班时间以及咨询馆员忙碌状态等要素调度。④具备知识库、学习中心等可供咨询馆员业务能力进修和用户导航的知识传播功能，知识库可以依据不同项目进行组合检索并排序。⑤多版本（包括本地标准版、本地增强版、本地企业版、本地完全版），用户可以根据自身实际选择适合的版本，有一定的灵活性。

不足：目前 CVRS 在高校图书馆中的使用并未达到 CALIS 项目建设初衷，主要表现出知识库的更新缓慢、咨询方式单一且传统、答复率低下等突出问题，致使 CVRS 分布式联合咨询的主要功能并未得到有效运用，系统的构建亦形同虚设。这与建设者和开发者缺乏在系统的宣传、推广与应用方面的引导，相关标准与协议的不完善以及服务方式上的创新不足息息相关。

（3）全国图书馆参考咨询联盟

"全国图书馆参考咨询联盟"，是我国规模最大的合作式数字参考咨询系统，整合了全国少有的已开展联合数字参考咨询服务的平台的优点，采用平行运行模式，设立了肩负全网所有有数据业务的存贮和咨询问题的统计、调度等重任的联盟管理中心，各加盟成员馆设置相应的数字参考咨询服务专职岗位，并将参考咨询联盟以链接的形式挂靠于本馆官网，其数字参考咨询服务均通过联盟管理调度系统来实现，所有用户得到的服务均为免费。

优点：①响应用户快速，批量领取智能识别。服务端咨询馆员可以根据个人需要批量领取用户咨询问题，同时以不同颜色区分自己已经领取过或者没有领取过的任务。②资源无偿服务，人力资源充沛。加盟成员馆无需缴纳费用，真正实现了从主体到客体的完全免费服务，实现了全国乃至全球读者的免费检索和文献传递服务，各个成员馆的专家和技术人员都会实现共享，人力保障提升。③统一规划，统一标准，自动统计与排名。全国图书馆参考咨询联盟有自己的运行章程，这一约束性条件也属国内首例，另外还提供了实时排名统计功能，使成员馆有了绩效动力与评价依据。总之，全国图书馆参考咨询联盟弥补了国内寥寥无几的 CDRS 服务的诸多缺陷，获得了良好的社会效益与声誉。

不足：①资源共享单位绝大多数源于广东本省，国内其他部分省市图书馆有参与，但咨询排行统计出用户满足率低下。②受到资源限制，部分文献缺少电子文档，因此，有全书 PDF 文档需求的用户不能得到满意服务。③未生成知识库体系，读者表单来信只依据时间顺序排列，也没有提供检索。④咨询方式全为异步，且方式传统，未跟进现代技术。⑤在服务端为提高上传文献质量，联盟管理中心对上传文献大小做了限制，超过限制范围的不能通过既定邮箱传递。

10.1.3　经验启示

CDRS的有效开展需要各加盟成员馆的竭诚合作，这是当下CDRS发展的难点和瓶颈。通过比较国内外先进典范，得到以下经验启示：

①合作方式。怎样根据各成员馆的馆藏优势和人力资源统筹规划，进行合理分工协调；怎样划分成员馆的权利义务；怎样保障成员馆所涉信息的安全性及用户的隐私等。

②统一标准。跨平台、跨介质信息数据交换和共享标准，元数据标准，各流程涉及的技术、服务、质量控制标准等，以避免因服务水平参差不齐引发其他矛盾。

③软硬件配合。CDRS的开展是完全以网络为依托，因此必须确保配置先进的网络设施，并不断地对其进行维护和改进，更重要的要具备能适应当前区域性图书馆联合项目的软硬件技术支持。

④监督与评估。CDRS从最初的框架协议到后期的运行维护，监督机制与绩效评估是其可持续发展的先决与后盾，一方面有利于系统地改进，另一方面能有效促进服务水平。

⑤语言文化差异。典型的是QP和网上联合知识导航站，因合作范围扩展至全球，存在语言上的障碍，导致通过全球咨询系统实现咨询答复的问题满意率普遍显低。

⑥建立高质量的知识库。由于技术上的落后，图书馆对于知识库的建设还停留在原始记录按时间顺序排列的层面上，而且有些只能直观浏览，不能进行检索，未实现显性知识的有效组织，因此，

建立高质量的知识库是数字参考咨询服务发展的当务之急。

随着图书馆事业不断发展，为实现数字参考咨询传统服务向现代服务的有效转换，部分省市图书馆也相继建设了联合数字参考咨询服务网络平台，如：江苏省公共图书馆联合参考咨询网、江苏省高校图书馆文献资源保障体系、吉林省图书馆联盟等等。这种虚拟参考咨询台（Virtual Reference Desk）或网上咨询台（Online Reference Desk），是咨询人员与用户沟通的平台，是整个数字参考咨询服务的技术支持。其资源整合程度，包括一站式检索平台的建立和功能的完备程度，将直接影响到用户使用参考咨询的便利性。参考咨询台提供的服务方式多样化，尤其是推送信息的可视化，和用户的良好、深入的交互性，都将会提高咨询效果。下面我们以江西省公共图书馆网上联合参考咨询服务体系构建为例做个探析。

10.2　江西省公共图书馆网上联合参考咨询服务体系构建研究

10.2.1　网上联合参考咨询服务系统的目标

图书馆参考咨询服务是用来满足用户不断变化的信息和知识需求的，其系统最基本、也是最主要的目的就是使用户可以在连接互联网的电脑上，通过咨询系统界面提出问题并且得到满意的答复。网上参考咨询系统是一种通过因特网的向实体图书馆以外的用户提供个性化的帮助或参考资源的网上信息服务方式，能够为广大用户提供一个充分利用现代图书馆的网络优势和数字资源优势的平台，使用户能够以最快的速度、最低的成本、最方便的方式获得图书馆的优质服务。为此，本系统实现目标是：突破行政体制的限制，以江西省图书馆为依托，联合江西省十一个设区市图书馆，建立江西省公共图书馆网上联合参考咨询服务系统，联合开展数字参考咨询服务，为读者提供一个新的咨询平台，实现文献资源的"一站式"检索和原文传递服务。具体目标有：①为用户提供包括电子邮件、网络表单、数据库检索等内容的异步网络参考咨询服务。②采用网络聊天（Chat）、电子白板（White-board）、视频会议（Video Conference）、网络呼叫中心（Web Call Center）等交互式实时交流技术，为用户提供实时交互式参考咨询服务。③实现与全国联合参考咨询网的互联互通。

10.2.2　网上联合参考咨询服务系统模块设计

江西省公共图书馆网上联合参考咨询系统模块由用户模块、咨询模块、数据库模块、专家模块、管理模块组成，系统采用"Thinker 通用网络信息服务综合管理平台"技术，软件开发基于微软Net Framework 框架、C#.NET 语言，利用 WEB SERWICE 技术实现多层体系结构，可以满足网络环境下开展联合参考咨询的各类业务需求，实现"以用户为中心"的交互式信息服务。

（1）用户模块

该模块由用户认证、权限管理和角色管理三部分组成。用户认证包括用户名和用户密码的设定，用户通过注册，即可成为图书馆参考咨询服务注册用户。注册内容包括用户姓名、职业、单位等信息。只有注册用户方可登录系统，向咨询员提出问题或查看咨询员给出的咨询解答。在用户提问后，系统会将所提问题存储在"我的问题"中，以便用户再次进行问题查询。权限管理采用以角色为中心的安全模型。一个用户可以同时属于一个或多个角色，一个角色也可以同时包含一个或多个用户。同样，角色和模块之间也是多对多的关系，并且可以设置角色对模块的具体操作权限。用户访问模块时，通过其所在的角色对该模块的访问权限来获得该模块的权限。一个角色可以包含多个模块，而一个模块可以对应多种角色。通过这种分层的管理模式可以实现有效的权限管理。

（2）咨询服务模块

咨询服务模块包括异步咨询和实时咨询两个子模块。用户提出问题后，可以任意选择相应的回复方式。用户利用异步咨询方式可按要求填写设立在图书馆主页上的在线咨询表单，或通过电子邮件将咨询问题发送给咨询员（包括咨询专家），由咨询员将问题答案发送到用户的 E-mail 里。咨询员回复后，用户除了在本系统里可以查看到回复，还可通过邮件查看具体信息。

实时咨询模块实现了咨询员与用户的在线沟通。咨询员能及时看到来自不同终端的连接和提问，并进行回答。用户可看到自己与咨询员之间的对话记录。用户登录图书馆网站，便可选择实时咨询方式，通过选择咨询员，利用网络聊天、电子白板、视频会议、网络呼叫中心软件，即可与咨询员在线交流。实现实时聊天可通过 Chat 技术，即通过点对点信息传输技术（Point to Point Transfer，PPT）实现向某一固定用户发送其所需信息。

（3）数据库模块

该模块主要包括常见问题库和问答知识库两个子模块。常见问题库（FAQ）是对用户利用图书馆的过程中经常遇到的问题及其答案进行整理，分门别类地加以说明，且提供关键词等检索途径。常见问题库的建立使用户能了解文献检索基本知识、图书分类规则等内容，方便用户迅速地找出所需的相关信息。问答知识库（Q&A）

收录的是经过咨询人员过滤、整理和加工的用户曾咨询过的所有问题及其答案，一般仅供咨询员在解答问题时查询使用。但在目前开发的参考咨询系统中，用户也可以通过该模块，以问题标题、问题内容、答案内容和指定咨询专家为检索方式查寻所需问题及答案。咨询馆员或专家在回答用户问题后，通过过滤、整理将所有问题按照提问时间存储在 Q&A 库中，随时更新 Q&A 库内容，以便提供给用户适用有效的答案。

（4）专家管理模块

将受聘咨询专家的姓名、资历介绍、职称、研究学科优势、账号、密码、联系方式等信息收录到该模块中，便于用户选择咨询专家进行咨询。每个专家都拥有自己的账号，登录后便可以看到用户的问题表单或电子邮件，专家可根据用户提问内容如题目、问题类型、问题描述、要求回复时间等，对问题进行处理，将结果按照用户的需求以各种形式发送给用户，在用户得到答复后可以对此进行评价，专家再次登录后便可以看到用户的反馈。

（5）管理模块

管理模块由管理员子模块和咨询员子模块组成。管理员主要负责用户权限管理、系统配置、系统安全管理、系统技术支持、系统数据的维护等方面的工作。咨询员直接参与对用户问题的接收、分派、解答、发送、保存及再利用的全过程，负责专家及用户信息库管理、问答知识库管理、问题跟踪与质量控制等。只有被授权的馆员或专家才可以登录到此模块。

10.2.3　江西省公共图书馆网上联合参考咨询服务的开展

（1）建立江西省公共图书馆网上联合参考咨询服务体系的必要性和可行性

① 必要性。

2011 年江西省图书馆向全省 11 个设区市公共图书馆发放了《江西省公共图书馆参考咨询工作问卷调查表》，就机构设置、人员结构、二次文献开发、参考咨询的服务模式及工作内容、数据库的购买和使用以及网上参考咨询等问题展开调查。调查结果表明，江西 11 个设区市图书馆的参考咨询工作不同程度存在以下不足：

一是服务内容传统，模式单一落后。传统的参考咨询如解答读者咨询、经常性问题解答以及情报检索在各设区市公共图书馆中开展较多，而要借助网络、计算机的服务如电子邮件咨询服务、即时咨询服务、网上咨询服务、文献传递、网络资源导航等服务开展较少。大多数图书馆都是参考咨询员坐在咨询台被动处理各种类型的咨询。

二是机构职能叠加，人员有限且学历较低。 在机构设置与管理上，大部分设区市图书馆参考咨询部门职能是"参考咨询服务 +X"的叠加模式，参考咨询人员往往身兼数职，分身乏术，且数量有限、学历较低，其工作效率和工作质量都难以保证。如南昌市图书馆参考咨询部还承担了馆藏古籍和地方文献的收集、整理、保护工作，九江市图书馆信息部还要负责全馆计算机的维护以及 ILAS 系统的正常运行等，而抚州市图书馆、景德镇市图书馆等服务内容仅局限于数据库的检索。调查结果还表明，全省 11 个设区市图书馆从事参考咨询工作的人员少则 1 人，最多的也不超过 3 人，其中大部分为本科、专科学历，研究生学历人员为零，与"复合型高级信息服务人员"的要求相差甚远。

三是数据库量不足，适用面窄且利用率低。全省 11 个设区市公共图书馆中有 8 个（约 72%）市级图书馆不同程度购买了一些数据库，但读者利用率相当低，而且读者只有到馆才能利用这些数据库。一些数据库适用面也不广，如大部分设区市图书馆购买的数据库为 CNKI 中国精品文化文献库，CNKI 中国精品文艺作品文献库，CNKI 报纸、年鉴库。这些数据库普遍使用程度不高，服务效果不尽人意。

如果建成网上联合参考咨询系统，区（市）县图书馆将不再局限在馆内局域网内使用电子文献，可充分依托江西省图书馆丰富的文献资源、人才资源来弥补自身服务能力的不足，另一方面，各区（市）县馆的地方特色资源也将得到更加充分的挖掘和利用。

②可行性。

一是江西省图书馆拥有丰富的数字资源馆藏。为满足广大公众日益增长的数字信息需求，江西省图书馆通过自建与购买相结合的方式，努力丰富数字资源馆藏。目前，江西省图书馆已建成以数字化信息资源库为基础，以电子阅览室为主要服务窗口，以互联网、政务外网和卫星传送等多种辅助服务方式，为公众提供总量达 37TB 的数字资源服务。2010 年以来，江西省图书馆免费为公众提供 CNKI、读秀、方正、维普、博看等多个大型文献数据库查询服务。除外购数字资源库外，还积极进行地方特色数字资源库建设，倾力打造《江西地方戏剧资源库》《江西非物质文化遗产资源库》《江西旅游文化资源库》《江西陶瓷文化资源库》《鄱阳湖生态经济区建设资源库》等 36 个地方特色资源库。

二是江西省图书馆网上联合参考咨询服务的成熟经验。"网上联合参考咨询服务系统"是一个由中心参考咨询系统（广东省立中山图书馆）和若干个本地（各省市）参考咨询系统组成的，融实时和非实时交互技术为一体的全国公共图书馆联合虚拟参考咨询服务平台。该系统全国服务中心设在广东省立中山图书馆，其余每个省级图书馆分别安装一台服务器和联合参考咨询分中心管理软件，负责省内区域的服务与管理，省内区（市）县图书馆只需安装地方版应用软件即可利用共享资源开展服务。江西省图书馆作为"联合参考咨询与文献传递网"联合成员馆之一，早在 2005 年就开始参与网上联合参考咨询服务，几年下来积累了一定的工作基础和实战经验。目前江西省图书馆在本馆网站主页参考咨询栏设立了"联合参考咨询与文献传递"专栏，为读者提供包括实时咨询、协同文献咨询、表单咨询在内的参考咨询服务，并整合数字图书馆元数据检索和全文检索在内的深度文献检索、超大附件传送等服务，不断提高图书馆的服务质量。

（2）江西省公共图书馆联合参考咨询协作网建设方案

①建设目标。

构建江西省公共图书馆联合参考咨询协作网，就是要突破市、县行政体制的限制，实现文献信息和参考咨询人才的资源共享以及全省公共图书馆界的协调协作，为读者提供一个咨询平台和"一站式"检索、原文传递等服务机制。内容包括文献咨询和实时咨询。具体目标有：

——江西省各个公共图书馆的咨询馆员名单集中在同一个页面，方便读者咨询。

——建设咨询服务系统，包括文献咨询、实时咨询、专家工作平台等。

——实现与全国联合参考咨询网的互联互通，一方面可以免费使用全国联合参考咨询网现有的大量数字资源，同时让省内读者享受到全国咨询员的服务；另一方面也可以为全国联合参考咨询网的读者提供服务。

②建设模式。

江西省公共图书馆联合参考咨询协作网致力于建立的是一种网络化资源共享的环境。在这个环境中，网络成员之间的关系是平等的，而不是依附于行政上的上下级关系，所有的网络成员都可以信息提供者与信息需求者的双重身份参与信息交流过程。在这里他们不仅可以通过网络直接向全省图书馆界和所有潜在的读者群宣传自己或直接发布信息和获取所需信息，更可以通过网络进行全方位的合作和交流。具体来说就是：

——以江西省图书馆为依托，联合全省 11 个设区市公共图书馆，建立网员制咨询服务协作关系。通过网员间的优势互补，共同创造一个良好的信息服务环境，实现文献信息和参考咨询人才的资源共享以及全省公共图书馆界的协作。

——以江西数字图书馆、江西文化信息资源网、联合参考咨询与文献传递网等网络资源为主，以各协作馆自建资源为辅，组建资源数据库，供各成员馆网员共享。网员可通过互联网、电话、传真、邮件等多种方式联合进行信息参考咨询服务。

——网络建设工作由省馆牵头负责管理。省馆为本网中心提供所需的文献资源、人力、物力、技术手段等，并负责该网络的日常维护和培训。

——各成员馆挑选 1—2 名具备一定的信息咨询与服务能力，综合素质较高，有一定文字组织能力和计算机技术的馆员担任网员，专职负责本馆信息咨询工作，并与中心密切联系交流。

——省馆作为协作网中心，不定期编辑全省公共图书馆信息咨询协作网刊物——《网讯》，设网员信息、资源报道、科技动态、课题服务及咨询窗口等栏目。

③建设方案。

江西省公共图书馆联合参考咨询协作网建设方案共分五个部分：

一是网站首页设计。分实时咨询、已回复和未回复的问题、快速提交普通咨询三个区域。

二是咨询服务系统。分文献咨询、普通咨询、实时咨询三种。其中文献咨询和普通咨询都将发送到专家工作平台，由专家作出解答。所有读者发送过来的咨询题将会划分成：江西地区、全国联合参考咨询网的。如果咨询题来自江西地区，将优先由江西地区的专家来解答。此外，咨询服务系统还包括"回复列表""我的问题""整合现在的读者认证""咨询员等级设定""咨询调度""统计报表"等。其中在"统计报表"列项中有对咨询量、文献传递数、上传附件数、读者满意度等等进行的统计；江西地区报表包含专家报表和图书馆报表；全国联合参考网报表包含专家报表和图书馆报表以及江西地区在全国里的排名。

三是专家管理。专家分为江西地区和全国联合参考咨询网的。江西地区指的是包括江西省图书馆和江西省内的 11 个设区市图书馆。11 个设区市图书馆里的专家数据来源于各个市的实时咨询系统，也就是说各个市安装一个实时咨询系统。各个市的专家集中显示到系统首页，方便读者选择合适的专家进行咨询，提高咨询的效率。

四是知识库管理。在知识库中存放一些经过咨询员编辑整理并分好类的有价值的问答，读者可随时检索这些问答系统以解决自己的疑问。

五是跨库检索系统。跨库检索由服务器端和客户端（包括读者端和专家端）组成。服务器端通过配置资源库，从资源提供方获取数据，供客户端检索。读者操作流程：a）资源库（点击标题可以查看资源库详细介绍），选择检索方式，输入关键字，进入检索；b）检索结果列表；c）选择资源，提交进入文献咨询。资源库分江西地区的资源库和全国联合参考咨询网的资源库。专家端主要是面向专家，用于回复读者咨询的时候，检索到读者需要的文献并回复读者，功能和读者端类似。

信息资源共享是信息机构一个永恒的命题，其最终目标是使任何人在任何时候、任何地点，均可以获得任何信息机构的任何信息资源。江西省图书馆作为全省公共图书馆的龙头，现阶段要做的就是利用各区域信息资源的互补性，搭建起江西省内网上联合参考咨询网络平台，使各成员馆能够方便地共享数千万篇（册）的文献资源，能够更好地为本地区广大读者提供各类咨询解答和远程文献传递服务。

（3）网上联合参考咨询服务流程

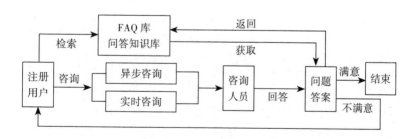

如图所示，用户通过注册，成为注册用户。注册用户登录"我要咨询"，即可进入信息咨询系统。用户有三种咨询方式可选择：第一种是直接检索数据库，从数据库中获取所需信息。系统自动先通过搜索模块搜索数据库，查到检索出相关的答案，自动将答案反馈给用户；第二种是通过异步咨询如填写表单，选择咨询员或专家，提交表单，咨询员接到表单后，将问题答案发送到用户的邮箱里，并将问题答案存入问答知识库中；第三种是利用网络聊天、电子白板、视频会议、网络呼叫中心等实时交流软件，用户与咨询员或专家建立实时交流，用户可将问题直接提交给咨询员或专家。咨询员或专家将问题答案直接发送给用户，并将问答答案转入问答知识库中。如果用户对咨询结果不满意，可再次登录"我要咨询"，重新检索数据库或向咨询员咨询，直到满意为止。

（4）江西省图书馆参考咨询平台建设功能说明

建立江西省公共图书馆网上联合参考咨询服务系统，可使各馆优势资源得到充分利用，真正实现图书馆资源的共享。江西公共图书馆界统一思想认识，加强特色数据库建设，积极参与网上联合参考咨询服务系统的开发与设计，从系统的方便性、易用性、实用性角度出发，以现代信息技术为支撑，借鉴高校图书馆建设联合参考咨询系统的做法，建立江西省公共图书馆网上联合参考咨询服务系统，为用户提供实时、全面、专业、准确的信息服务，提高全省公共图书馆整体服务水平，以适应新时期读者需求的变化。在各方努力下，2021 年江西省图书馆参考咨询平台终于建成并投入使用。现将江西省图书馆参考咨询平台建设功能做个说明。

①首页：导航条固定位置，二级或三级页面保持导航条，点击即跳转到首页。

②咨询指南：即服务指南，帮助读者学习如何使用参考咨询平台。

③统计排行：导航条有下拉效果，分别是各种统计数据的二级页面。

A.问题解答排行：即显示统计的资源共享的排行。

资源共享排行					
提交开始时间：2018-07-01 提交结束时间：2018-07-07 统计					
序号	加盟省图书馆	中文(提出请求)	满足(篇)	外文(提出请求)	满足(篇)
1	湖南大学	903	859	133	123
2	湖南图书馆	681	647	29	26
3	湘潭大学	471	448	30	27
4	湖南师范大学	379	360	18	16
5	长沙理工大学	287	273	96	89
6	国防科技大学	113	107	40	37
7	中南大学	133	126	3	2
8	湖南农业大学	50	47	25	23
9	长沙图书馆	46	43	2	2
10	联合在线咨询网上注册用户	26	24	0	0
11	湖南省科学技术信息研究所	22	20	3	2
12	株洲市图书馆	15	14	0	0
13	郴州市图书馆	1	1	0	0
	合计	3127	2969	379	347

找到13条记录，分1页，当前为第1页   上一页 下一页 1 go

　　B. 成员馆排行：统计成员馆回复数量等排行信息。

图书馆统计排行

回复开始时间：2018-07-08　　回复结束时间：2018-07-08　　统计

序号	回复单位	回复总数	非常满意	满意	不满意
1	常德市图书馆	44	9	35	0
2	湖南图书馆	14	2	12	0
3	岳阳市图书馆	5	1	4	0
4	湖南大学	1	0	1	0
	合计	64	12	52	0

找到4条记录，分1页，当前为第1页　　　　　　　　　　上一页 下一页 1 go

　　C. 馆员排行：显示回复的馆员排行。

咨询员统计排行

回复开始时间：2018-07-08　　回复结束时间：2018-07-08　　统计

序号	回复人名称	回复单位	合计
1	cdlxz	常德市图书馆	44
2	hnzyy	湖南图书馆	14
3	yueycxx	岳阳市图书馆	5
4	huda001	湖南大学	1

找到4条记录，分1页，当前为第1页　　　　　　　　　　上一页 下一页 1 go

D. 实时咨询统计：统计在线回复的数量排行。

实时咨询工作量统计		
回复开始时间：2018-07-08　回复结束时间：2018-07-08　统计　成员馆实时咨询台		
咨询员名称	所在图书馆	交谈人次
咨询员01	全国图书馆参考咨询联盟	6
咨询员01	山东省图书馆	5
咨询员01	佛山市图书馆	4
咨询员02	全国图书馆参考咨询联盟	3
咨询员01	温州市图书馆	3
咨询员01	青岛市图书馆	3
咨询员01	昆山市图书馆	3
咨询员01	中山纪念图书馆	2
咨询员01	灌云县图书馆	2
咨询员05	重庆图书馆	2
咨询员01	广西壮族自治区图书馆	2
咨询员01	惠州慈云图书馆	2
咨询员01	陕西省图书馆	2
咨询员01	黑龙江省图书馆	2

④慕课学习中心：导航条有下拉效果，分别是各种统计数据的二级页面；

A. 慕课参考咨询联盟：跳转页，跳转至全国图书馆参考咨询联盟（慕课参考咨询中心）主页 http://ckzx.chaoxing.com:8080/ey/index.jsp。

B. 优秀案例分析：二级页面，允许馆员自建模块，分享各自成功咨询案例。

C. 学科馆员课堂：跳转超星资源，关于馆员、学科等视频资源版块。

D. 线上培训直播：待建。

E. 视频点播：其他超星慕课资源、共建资源或者跳转省图公开课页面。

⑤专家平台：点击即跳转至二级专家工作平台页面，作为专家

客户端需要登录，主要功能包括专家回复页面，专家检索回复，专家上传、专家交流。

⑥平台管理：点击跳转后台登录页面，作为管理员、馆员权限登录，后台管理具备基础功能包括权限管理（专家、馆员等级），调度管理（自动调度和人工调度），案例分析自建模块，读者来信、留言审核、回复，在线直播，超星资源设置等。

⑦协作网：跳转至全国图书馆参考咨询协作网主页 http://crs.nlc.cn/。

⑧参考咨询联盟：跳转至全国图书馆参考咨询联盟主页 http://www.ucdrs.net/admin/union/index.do。

⑨【读者来信】：显示读者来信、留言，平台回复的内容。

读者来信

主题：	网页设计界面优化
姓名：	闻海
来信时间：	2018-07-01 14:42:47
来信内容：	您好！我是一位读者，虽说"内容为王"，参考咨询主要需要的是资源，没有资源活不了。大家貌似做好这部分也很不错了，过了好多年，大家想着能过得去，不会die就很好了。身边有些读者，每每使用这个网站还是觉得人性化做的不好，应该该考虑一下老人、视障人士等弱势群体的使用吧 导航栏目的字体大一点？首页检索框显眼一点？颜色布局？不好评论什么，只为成功找方法，不为失败找理由。可能是写照吧 如果固步自封，终有一天会被抛弃 祝好！
回复时间：	2018-07-02 10:43:55
回复人：	Administrator
回复结果：	您好，谢谢您的宝贵建议与意见，我们会向有关领导反映。另外，我们还开通了微信公众号服务，有兴趣的话，可以关注。谢谢！

关闭

⑩【读者留言】：具备标题、内容、姓名、邮件地址和验证机制的留言功能。

请留下您的感言、批评或建议。如需文献咨询服务请使用表单咨询。

标题：

留言内容：

要求回复时间： 2018-07-08

姓名：　　　　　　　　　　　　　　MAILBOX地址：

验证码：

更换验证码

提交　　返回

⑪我的咨询：通过输入邮箱地址即可查询到自己申请咨询的内容。

> **请输入文献咨询时填写的邮箱地址，即可查看您近期的文献传递申请记录。**

注：如果输入正确的邮箱地址后，系统没有显示咨询记录，则说明提交申请时填写的邮箱地址有误。暂时只提供20日

邮箱地址：　　　　　　　　　　　　图书 ⬍

验证码：　　　　　　　　　　　　获取验证码（此功能将验证码发送至您要查询的邮箱，且一个验证码只能查询

查询

⑫主页功能模块 1：提供信息检索和原文传递等功能。

图书	期刊	报纸	学位论文	会议论文	专利	标准	信息资讯	法律

　　　　　　　　　　　　　　　　　　中文搜索　外文搜索

◉ 全部字段　○ 标题　○ 作者　○ 刊名　○ 关键词

⑬主页功能模块 2：已回复和未回复的问题区域。

文献咨询与传递服务动态

未答复的文献咨询

文献题目	类型	读者	咨询图书馆	咨询时间
人参三七组方对人脐静脉内皮细胞血管内皮生…	期刊	fdcdvgf		07-06 11:50
益气活血中药合缺血后适应保护缺血再灌注…	期刊	fdcdvgf		07-06 11:49
Making Evidence-base…	期刊	fdcdvgf		07-06 11:48
血府逐瘀汤对内皮祖细胞功能的影响	期刊	fdcdvgf		07-06 11:48
人参三七川芎提取物延缓衰老小鼠血管老化的…	期刊	fdcdvgf		07-06 11:45
小陷胸汤加味对实验性高脂血症大鼠血脂的影…	期刊	fdcdvgf		07-06 11:43
凝溶胶蛋白与心血管疾病	期刊	fdcdvgf		07-06 11:43
心主血脉与血栓前状态	期刊	fdcdvgf		07-06 11:40
活血解毒中药含药血清对氧化低密度脂蛋白诱…	期刊	fdcdvgf		07-06 11:38
新能源汽车与新能源汽车技术研究	期刊	blmobile		07-06 11:36

　　　　　　　　　　　　　　　　　首页　上一页　下一页　尾页

已答复的文献咨询

文献题目	类型	读者	回复图书馆	回复馆员	回复时间
乡镇基层党建工作建设研究	期刊	firstqg		zjyal	07-06 11:53
另辟蹊径 换种方法BT下载	期刊	blmobile		zjyal	07-06 11:52
制度环境是最好的人才政策	期刊	firstqg		zjyal	07-06 11:50
初中数学智慧课堂教学方式探究	期刊	firstqg		zjyal	07-06 11:49
网络与数字化环境下的数学实验研究课	期刊	firstqg		zjyal	07-06 11:48
侯马金代董氏墓介绍	期刊	nmgkjdx		hazyl	07-06 11:30
石楼后兰家沟发现商代青铜器简报	期刊	guangxi		hazyl	07-06 11:29
《阿长与〈山海经〉》教学案例	期刊	jxnydx		KSLQ	07-06 11:24
《金瓶梅》与《红楼梦》前后承继之关系	期刊	jxnydx		KSLQ	07-06 11:22
天上掉下个林妹妹	期刊	blmobile		ycepf	07-06 11:22

首页　上一页　下一页　尾页

⑭主页功能模块 3：实时咨询。

A. 文献咨询：专家回复为主。

B. 表单咨询：填写邮箱、选择类型和填写详细描述的一种常规咨询方式。

C. 实时咨询：馆员在线的咨询方式，可以自主选择公共图书馆。

D. 在线咨询：专家在线的咨询方式，以浮动窗口形式呈现在网页中。

E. 常用文献浏览器下载：超星阅读器等的介绍和下载页面。

F. 电话咨询：只显示电话号码。

10.2.4 《江西省公共图书馆联合参考咨询平台实时咨询服务规范（试行）》

为了直观、及时地为用户提供文献资料，江西省公共图书馆联合参考咨询平台以电话、QQ、微信等方式开通了实时咨询服务。为保证服务质量，制定《江西省公共图书馆联合参考咨询平台实时咨询服务规范》。各设区市成员馆必须严格按照本规范开展服务工作，并对实时解答咨询的质量负责。

实时咨询主要工作内容包括：①提供有关图书馆馆藏和电子资源的相关资料。②解答用户使用联机书目查询和各种网络数据库遇到的问题。③解答有关图书情报方面的知识。为保证实时咨询在内容上操作上的合理合法性和规范性，约定共同遵守的实时咨询服务规范的总则、具体要求和用户须知如下：

（1）实时咨询服务规范总则

①所有实时咨询馆员必须经过上岗培训，专业实时咨询馆员必须经过专业的资质培训，或达到该专业的相应学历。

②要熟悉各种类型的参考信息源。要求实时咨询馆员能熟练掌握所咨询范围的相关文献、信息、参考资源及其检索方法、检索途径等有关知识。主要包括：电子字典、电子词典、电子百科全书、文献标准、分类表、参考网站及各种类型数据库的使用。

③明确回复的范围。包括事实性提问与免费提供原文的远程传递。但对于任何非法、反动、胁迫、骚扰、猥亵、诽谤、侵害他人隐私和种族歧视等提问，不予回答并立即删除。

④确定回复时间和回复深度。工作时间内收到用户咨询要即时回答，其它时间的咨询及疑难问题的回复时间不得超过 48 小时。

⑤坚持知识自由的原则，提供正确、熟练、没有偏见的回复。

⑥遵守版权法。提供的回复内容及范围严格遵守版权

法的要求。

⑦注意严格保护用户的隐私权，为用户严格保守有关国家、科研以及商业机密。

（2）实时咨询服务规范的具体要求

①实时咨询服务规范——解答前。

实时咨询馆员向用户明确告知实时咨询的服务政策与程序，注意调整用户对该项服务的期望值，缩小用户期望值与实际服务水平之间的差距，达到提高用户满意度的效果。

需要向用户明确的内容如下：

A. 实时咨询服务规范开放的时间、每次咨询的最长时间（一般不超过 10 分钟）。

B. 明确告知解答与不予解答问题的类型（"总则"中提及的内容）。

C. 在咨询注意事项中提醒用户，实时咨询馆员需要几分钟的时间思考和检索，以便为用户提供满意的解答，这样将为用户节约更多的时间。

D. 如一次性需求的文献内容较宽泛或数量过大，请用户改用表单咨询，以免单个用户占用过多实时咨询时间，影响对其他用户的服务。

需要实时咨询馆员遵守的内容如下：

A. 要先调整好咨询状态，保持精神饱满，心情愉悦，使用户感受到愉快，亲切。

B. 不得浏览与工作无关的网页，不得使用与工作无关的软件，要将系统中与咨询无关的网页或程序提前关闭，以便于专心解答用户的实时咨询问题。

②实时咨询服务规范——解答中。

实时咨询馆员要主动提供完善服务，应做到：

A.确保给用户咨询的信心，降低其焦虑感，就必须做到及时接待。用户登录后应立即发送问候语，主动与用户对话。若馆员正忙，应先请用户等候，并告知大约等候时间。

B.使用预处理功能。将常用的交流套语、需要解说和演示的页面事先编辑好，需要时直接调用；将常用的网络搜索引擎、重要门户网站和常用网络参考工具网址做成书签（Bookmark），供随时调用。

C.对于实时咨询馆员无法及时解答，或者不适于实时咨询解答的问题，应建议用户接受表单提问服务，明确告知答复时限，保持交谈的合理连续性，避免让用户长时间等候。如：将长段答复分成几小段、在检索或思考时先提供一些资源给用户观看、不时让用户知道馆员正在为其服务。

D.必要时可切换成电话咨询，或约定以电子邮件提供后续服务或当面咨询。

E.结束咨询前应询问其问题是否得到完全解答。

总之，在与用户交互过程中实时咨询馆员应充满热情、富有同情心、乐观向上、有耐心，遵循网络交流道德礼仪。

为确保用户对解答内容的满意度，需做到：

A.尽量利用网页推送和共同浏览功能。有时可以将网页相关内容复制粘贴进对话文本框内。

B.推送网页时伴以必要文字交谈对网页内容进行解释说明。必须明确用户能否从该网页找到答案或线索。

C. 提供答案的同时解释检索方法与策略、演示检索过程。

D. 提供进一步查找线索时，应提供具体的网址。

E. 通过评价、描述、提供关键词和路径等方式提供增值的信息。

F. 避免滥用术语、行话和简略语，以适合用户文化程度的方式交谈。

G. 解答 100% 的提问。对每个问题（包括服务范围外的问题）至少提供一条线索。

③实时咨询服务规范——回复后。

实时咨询完毕后，并不意味着咨询任务的完成，对于实时咨询馆员，还要求其将典型咨询案例加入知识库，便于咨询员共同提高。要求如下：

A. 每一位实时咨询馆员都负有收集典型咨询案例的义务。

B. 实时咨询馆员接受和解答完成每一例咨询后，要分析判断该案例是否具有典型性，即其解答问题的思路、检索策略、解答用语等是否对其他实时咨询馆员具有参考意义。

C. 符合收录范围的案例，要认真撰写评语并建立档案。

D. 对工作中新问题，注意提出建议或意见及改进措施。

（3）实时咨询服务规范用户须知

①实时咨询服务规范解答问题限于图书馆资源利用、图书馆服务范畴，实时咨询服务规范不提供法律、医学和财经投资方面的指导，也不提供计划、方案、评论和作业

等方面的辅导，但可以提供相关主题资源的线索。

②实时咨询服务规范不提供网上聊天和讨论服务。

③通过网上实时咨询服务规范获得的答案不得用于侵害他人专利、商标、商业机密、版权和其它专属权利的非法活动。

④请勿将"广告信函"、"促销资料"、"连锁信件"及其他任何形式的垃圾邮件作为提问或进行转发。

⑤请不要将任何具有破坏性的病毒通过网上咨询服务发送，如有发现本联合平台将追究其法律责任。

⑥对于提问的用户，本联合平台会严格保护其个人隐私。

⑦本平台每天 9:00 至 21:00 为用户开放在线实时咨询，本平台将尽量在"实时咨询"时段内解决用户提出的问题，如果咨询问题较为复杂，不能即时答复，咨询员将在查阅相关参考资料后，在 2 个工作日内发送 E-mail 回答用户的延时提问。

⑧本联合平台目前的工作语言是中文，请暂时不要用其他语种提问。

⑨实时咨询过程中，偶尔会不可避免地遇到系统暂时性故障、断网或停电等突发情况，这些情况的发生会导致咨询过程突然中断或者实时咨询馆员未解答就下线，因此，请用户充分谅解实时咨询馆员偶尔长时间无响应或不打招呼就下线的临时行为，保持心平气和，换个时间重新咨询。

参考文献

1. 初景利. 图书馆数字参考咨询服务研究 [M]. 北京：北京图书馆出版社，2004.

2. 谢美萍. 数字参考咨询服务：我国图书馆的实践与研究 [M]. 长沙：湖南师范大学出版社，2007.

3. 李昭醇. 数字参考咨询服务初探 [M]. 北京：北京图书馆出版社，2004.

4. 卢海燕，王磊. 数字参考咨询服务的质量评价 [M]. 北京：北京图书馆出版社，2007.

5. 王红. 图书馆数字参考咨询研究 [M]. 武汉：武汉出版社，2006.

6. 阎维兰，刘二稳. 信息检索 [M]. 北京：北京邮电大学出版社，2005.

7. 过仕明. 我国数字参考咨询研究述评 [J]. 情报科学，2006（5）.

8. 过仕明. 咨询服务的质量评价研究 [J]. 情报学报，2006（3）.

9. 过仕明. 图书馆参考咨询与现代商业咨询比较研究 [J]. 情报资料工作，2006（4）.

10. 初景利. 用户需求嵌接、流程驱动、情景敏感型 9-9 网络参考咨询服务：中国科学院国家科学图书馆网络参考咨询服务新进展 [J]. 图书情报工作，2007（10）.

11. 毕强，陈凌. 数字参考咨询个性化服务的实践进展 [J]. 图书情报工作，2007（12）.

12. 姚晓霞，陈凌，戴龙基. 对我国信息资源共建共享可持续发展的思考和启示 [J]. 图书情报工作，2008（5）.

13. 黄莲芝. 我国图书馆网上参考咨询服务现状透视及未来 [J]. 图书馆建设，2005（2）.

14. 过仕明. 数字参考咨询服务与质量评价研究 [D]. 长春：吉林大学，2006.

15. 张曙光. 数字参考咨询系统及服务模式的选择研究 [D]. 武汉：武汉大学，2005.

16. 窦曦骞. 浅析 Google Answers 及其对图书馆参考咨询服务的借鉴意义 [J]. 图书馆研究与工作，2006（3）.

17. 张召琪. 数字参考咨询服务发展现状与趋势 [J]. 图书与情报，2008（6）.

18. 周建文. 江西公共图书馆网上联合参考咨询服务体系构建研究 [J]. 图书馆研究，2014（2）.

19. 程卫军. 江西公共图书馆网上联合参考咨询服务系统构建设想 [J]. 江西图书馆学刊，2012（1）.

20. 周建文，程卫军，黄珣. 江西设区市公共图书馆参考咨询工作现状与对策 [J]. 江西图书馆学刊，2011（6）.

后　记

　　数字参考咨询（DRS）是对传统参考咨询在网络环境下的继承、延伸和发展,是网络环境下图书馆深化服务和服务创新的需要。目前,数字参考咨询正呈现合作共享化模式,以便在人力资源有限的基础上提供更全面的服务。因此,由多个信息服务咨询机构利用协同网络建立合作关系,充分利用各自的信息资源优势和专家人才优势,提供尽可能多的时间,持续不断地、分散地接受本地或来自其他图书馆的各种咨询请求,并借助合作系统的协调机制对这些请求分别寻求合适的解答路径获取答案的联合数字参考咨询服务应运而生。本书全面介绍了数字参考咨询服务实践活动的发展渐变过程,阐明了数字参考咨询与传统参考咨询的异同和关系,对当前数字参考咨询的模式逐一进行了分析,并提出了数字参考咨询的设计与运行保障及其服务质量评价,同时对咨询中常用的国内外电子参考信息源一一作了阐述,最后以江西省公共图书馆网上联合参考咨询服务体系构建为例,对这种能够整合各个成员馆的优势资源,并敦促各图书馆相互之间取长补短,优化本地馆藏结构,减少重复性建设,促进服务资源体系的共建与共享的联合数字参考咨询服务模式及发展趋势进行了探讨。

　　本书是一本适用性强的学术专著，也是一本开展联合数字参考咨询方法和技巧的实用教科书，是江西省图书馆信息咨询部组建 20 年来从事参考咨询服务的经验总结和集体智慧。全书计 20 余万字，其中，余凯璇撰写了 1—7 章，计 13 万字；程卫军撰写了 8—10 章，计 7 万字；傅安平、陈红涛提供了部分有价值的资料和图片，并提出许多宝贵修改意见，在此一并表示衷心感谢。